消费者行为学

主编 闫 燕 耿裕清 高 娟

东北大学出版社
·沈 阳·

ⓒ 闫 燕 耿裕清 高 娟 2024

图书在版编目（CIP）数据

消费者行为学 / 闫燕 , 耿裕清 , 高娟主编 . -- 沈阳 :
东北大学出版社 , 2024. 10. -- ISBN 978-7-5517-3618
-3

Ⅰ . F713.55

中国国家版本馆 CIP 数据核字第 2024FD2418 号

出 版 者：东北大学出版社
　　　　　地址：沈阳市和平区文化路三号巷 11 号
　　　　　邮编：110819
　　　　　电话：024-83683655（总编室）
　　　　　　　　024-83687331（营销部）
　　　　　网址：http://press.neu.edu.cn
印 刷 者：辽宁虎驰科技传媒有限公司
发 行 者：东北大学出版社
幅面尺寸：170 mm × 240 mm
印　　张：13
字　　数：248 千字
出版时间：2024 年 10 月第 1 版
印刷时间：2024 年 10 月第 1 次印刷
策划编辑：刘乃义
责任编辑：项　阳
责任校对：贾东风
封面设计：潘正一
责任出版：初　茗

ISBN 978-7-5517-3618-3　　　　　　定　价：68.00 元

前　言

　　消费者行为学关系到社会生活中的方方面面，而人们的生活和工作也涉及关于商品和服务的各个方面。了解人们的消费行为和消费心理，有助于了解其生活方式和生活态度，明确其生活意义。因此，对人们消费行为和消费心理的研究至关重要。

　　消费者行为学是一门理论和应用兼有的学科。本书借鉴了与消费者行为和心理相关的理论研究成果，有助于读者掌握最新、最前沿的理论研究结果。

　　本书具有较强的系统性、清晰性和前沿性。系统性体现在，书中的章节脉络清晰，结合了管理学、心理学、社会学和市场营销学的相关知识，系统地构建了学科内容。清晰性体现在，本书的层次分明，内容层层递进，第二章到第四章描绘了消费者的决策过程，第五章至第八章介绍了消费者的心理，第九章至第十二章阐述了影响消费者行为的相关因素。前沿性体现在，本书的第十三章介绍了大数据营销、数字营销、消费者画像等目前使用较为广泛的前沿理论和实践。

　　感谢上海电机学院的刘成业、江欣滢、白文倩、杨欣蕾、谭茜尹同学对本书内容的校对、案例的搜集和整理、格式的调整、内容的排版等。本书在写作过程中参考了大量的文献资料，许多专家和学者的真知灼见为本书的理论和实践研究提供了丰富的依据和参考，在此一并表示衷心的感谢。

　　本书虽然有一定的特色，但是由于编者水平有限，书中难免有一些不足之处，真诚地希望得到专家、学者的指正。

编者
2024年3月13日

目 录

第一章　消费者行为学概述

【本章目标】

1. 了解与消费者行为学相关的概念，消费者行为学的理论基础、历史演进及发展趋势。

2. 理解消费者行为学的研究意义。

3. 掌握消费者行为学的研究内容和研究方法。

4. 培养分析具体市场中的消费者行为并解释消费背后原因的能力。

第一节　消费者行为学基本概念

一、消费者

消费者的概念有狭义和广义之分。狭义的消费者是指购买使用各种消费品或服务的个人或住户。广义的消费者是指购买使用各种产品或服务的个人或组织。本书主要从狭义的角度对消费者进行定义。

从消费活动的角度来划分，消费者可以分为个体消费者和组织消费者。个体消费者购买产品或服务是为了自己的消费，或者是以礼物的形式赠送给朋友，也就是说，产品的消费是最终消费。因此，个体消费者也被称为最终用户或最终消费者。而组织消费者（包括营利性组织、非营利性组织、政府机构和其他各种组织机构）购买产品则是为了维持组织的经营和运转。本书中所指的消费者主要是个体消费者。

人从出生之日起，就开始消费社会产品。人作为社会的一员，在消费社会产品的时候，成了一名消费者。消费者所消费的产品不仅包含实物产品，也包含多种多样的服务。按消费对象的有形和无形程度来划分，可以分为有形物品、无形服务、混合型产品和服务。有形物品是指食品、服装、饰品等具体的产品。无形服务是指抽象、不可见的消费服务，如教育培训、法律咨询、看病诊疗等。混合型产品和服务既包含了有形物品，也包含了无形服务，如餐厅不仅为消费者提供了餐食，还提供了良好的就餐环境和优质的用餐服务。消费产品的划分见表1-1。

表1-1　消费产品的划分

有形物品	无形服务	混合型产品和服务
食品、服装、化妆品、家具、家电、房屋、汽车等	理发、法律咨询、看病、财务咨询等	餐厅就餐、租车、室内装修设计、汽车维修等

　　本书将重点研究做出各种购买行为的个体消费者，尤其是做出实际购买决策的个体消费者。购买者的实际购买内容不仅包含有形物品、无形服务，也包含混合型产品和服务。

二、消费者行为

　　消费者行为是指消费者为获取、使用、处置消费物品或服务所采取的各种行动，包括先于且决定这些行动的决策过程。一直以来，消费者行为被理解为产品或服务的获得或获取，随着对消费者行为研究的深入，人们日益深刻地意识到，消费者行为是一个整体，是一个过程，涉及很多的决策、参与者和消费活动，获取或者购买只是其中的一个环节。消费者行为所涉及的内容如图1-1所示。

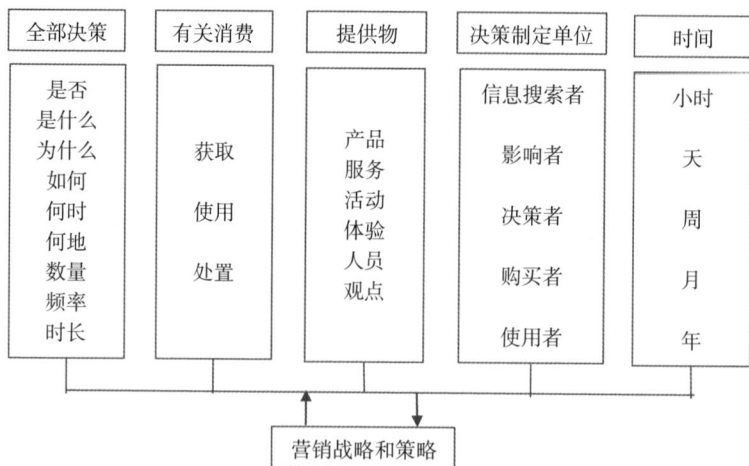

图1-1　消费者行为内容框架图

从图1-1中可以看出，消费者行为学反映了消费者的全部决策，有关消费的获取、使用及处置，提供物，决策制定单位，时间等要素，消费者行为学所反映的内容与营销战略和策略密切相关。

（一）消费者行为学不仅仅包括购买

消费者行为学不仅包括购买，还包括产品的获取、使用及处置。第一，获取。获取是指消费者拥有某一提供物的过程。除此之外，获取还包括其他获得商品和服务的方式。第二，使用。使用是指消费者使用某一提供物的过程。因此，使用过程体现出消费者的身份、价值标准和信念。第三，处置。处置是指消费者放弃某一提供物的过程。

（二）消费者行为是一个动态的过程

获取、使用和处置三者的顺序会随着时间发生动态变化。比如，消费者已经获取并正在使用一部新的手机。在使用手机的过程中，消费者对该手机的性能、像素水平、电池持续性等信息进行全面感知，对这些信息的搜集与感知将会影响消费者决定何时更换这部手机。

（三）消费者行为可能涉及许多人

消费者行为反映的并不一定是个体的行动。从事消费者行为的个体也可能承担多个角色。比如，在手机消费的例子中，一个或多个家庭成员会担当起信息搜集的角色，去考察不同的手机品牌和型号。其他家庭成员会提出意见，承担着影响者的角色，并且他们的意见可能会对最终决策产生重要的影响。

（四）消费者行为所涉及的决策可能是多重的

消费者必须决定是否要获取、使用或处置某一产品。当消费者有了积蓄，他们可能需要考虑是进行消费还是储蓄。当消费者有了闲暇时间，他们需要考虑的是出去旅行还是在家看电影。当消费者决定要去购买一部手机时，他们还需要在不同的品牌之间进行决策。

（五）消费者行为的多样性与复杂性

消费者行为的多样性表现为不同消费者在需求、偏好以及产品选择的方式等方面各有侧重。因此，不同的消费者选择各有不同，同一消费者在不同的情境、不同的时间所做出的选择也各有不同。消费者行为的复杂性体现在它受很多内、外部因素的影响，有些因素是捉摸不定的，是很难把握的。

事实上，消费者的行为也并非完全不能捉摸。通过精心的设计和研究，消费者行为是可以被理解并把握的，这也是经济管理类学者一直致力分析消费者行为的根本出发点。尽管消费者的行为多种多样，但其背后存在许多共性。这些共性促使学术界不断从心理学、社会学、人类学、经济学、管理学等多学科找寻源头。

三、消费者市场

消费者市场是人们为了满足个人或家庭生活需要而购买产品和服务的市场。一个社会的产品和服务，只有进入了人们的生活和消费环节，才算最终实现它的价值。所以，消费者市场又称为最终产品市场或最终消费市场，它是许多企业从事经营活动的主要场所。

消费者市场是一切市场的基础，也是最终市场。因此，无论是生产企业，还是商业服务企业，也无论其是否直接为消费者服务，都必须研究消费者市场及其购买者，必须深入研究消费者市场需求的特点和消费者行为模式，以消费者的需要为依据来制订营销方案，满足消费者需求，只有这样，才能在竞争中取胜。

消费者市场的主要特点包含以下几个方面。

（一）消费者人多面广

消费者个人和家庭是消费者市场的基本购买单位，消费者购买人数众多，需求范围广，包括衣、食、住、行、用等各个方面。

（二）消费者需求差异性大

由于消费者的年龄、性别、职业、文化水平、经济收入、民族、社会、心理等多种因素各异，他们的需求模式、消费模式、消费习惯也存在明显的差异。

（三）消费者需求弹性大

随着商品价格的变化，消费者的需求也会发生较大的变化。当商品价格下跌时，商品的需求量会明显上升。当商品的价格上涨时，商品的需求量会明显下降，甚至可能产生替代需求。因此，消费者的消费需求弹性比较大。

（四）消费者每次购买量少，但购买频率高

消费者在购买商品时，由于家庭存储条件的限制，除少数耐用品之外，许多商品需要经常购买，从而决定了消费品市场进行的是零星销售，消费者的购买频率较高。

（五）消费者非理性购买较强

大多数消费者缺乏专门的商品知识，购买时易受广告、店面的装修、购买气氛、销售人员的劝告等影响，从而导致冲动购买。

（六）消费者购买的流动性大

在同一个商圈范围内，消费者可选择的购买场所通常有若干个，消费选择性比较大，所以竞争往往非常激烈。

第二节 消费者行为学理论基础与历史演进

消费者行为学作为一门独立的学科体系，形成于19世纪末20世纪初。该学科体系经历了漫长的理论与实践积累的过程，其中涉及多学科交叉。本节将简要回顾消费者行为学的理论基础、起源和发展阶段。

一、消费者行为学的理论基础

消费者行为学形成于19世纪末20世纪初，是一个相对较新的研究领域。由于其自身缺乏历史和研究体系，学者们对消费者行为学的研究是从其他学科中借鉴成熟的概念而展开的。因此，消费者行为学作为一门科学，具有多学科交叉的特点。与消费者行为学密切相关的有心理学、社会学、社会心理学、人类学、经济学、市场营销学。

（一）消费者行为学的学科基础

1.心理学

心理学是研究个体及群体心理现象和心理规律的科学。它以人的心理为

主要研究对象。科学的心理学不仅对心理现象进行描述,更重要的是对心理现象进行说明,以揭示其发生、发展的规律。心理学关于人类认知活动心理过程的研究,为消费者行为学信息加工的过程提供了理论依据。一则成功的广告需要通过广告诉求来吸引消费者的注意,并且能够让消费者形成正面的回忆。与此同时,还能够为消费者带来广阔的联想空间,从而说服消费者进行购买。因此,消费者行为学中有关消费者需求、需要、动机、态度等方面内容的研究均来自心理学领域。

2. 社会学

社会学是研究社会结构及其内在关系与社会发展规律的学科,它侧重于对社会组织、社会结构、社会功能、社会变迁、社会群体等的研究。社会学在研究社会结构和社会发展过程时,必然会涉及人类与社会的需要、社会心态、社会意象等现象,而这些现象又反过来影响社会中个体的行为。消费者行为学中有关社会群体、社会文化和社会阶层对消费者行为的影响,均源自社会学的相关理论。

3. 社会心理学

社会心理学侧重对人与人之间相互作用的研究。社会心理学是研究个体和群体的社会心理现象的心理学分支。个体社会心理现象是指受他人和群体制约的个人思想、感情和行为,群体社会心理现象是指群体本身特有的心理特征。消费者行为学中,关于群体决策、社会动机、社会认知方面的研究内容源自社会心理学领域。

4. 人类学

人类学是用历史的眼光研究人类及其文化的科学,它包括对人类的起源、种族的区分、物质生活、社会构造、心灵反应等原始状况的研究。对文化和环境的研究使消费者行为学研究人员能够了解不同地区、不同民族、不同国家的人们的基本价值观、态度和民族文化的差异,这种差异将造成他们在消费行为和消费心理方面的差异。特别地,人类学关于民俗和宗教等方面的研究,对于分析习俗与禁忌如何影响消费者做出购买决策、如何影响消费者选择商品是非常重要的。

5. 经济学

经济学是一门研究人类行为如何将有限或者稀缺资源进行合理配置的社会科学。理论经济学通常称为一般经济理论,可以分为宏观经济学和微观经济学两个分支。宏观经济学以整个国民经济为视野,以经济活动总过程为研究对象考察国民收入、物价水平等总量的决定和波动。微观经济学研究市场经济中单个经济单位（即生产者或厂商、消费者或居民）的经济行为。宏观经济学提供消费者行为的一些指标，有助于理解全球消费差异；而微观经济学中的供求平衡原理有助于分析某类产品的供求状况及其影响因素。微观经济学中的相关理论有助于预测产品市场价格走势，评估消费者对价格变动的心理反应和行为选择，从而提出产品的定价策略。

6. 市场营销学

市场营销学研究企业如何通过产品开发、定价、宣传、推广等一系列企业行为来满足消费者的需求。为了满足消费者的需求并获得市场份额和企业利润，市场营销学将影响消费者行为学的多种因素作为研究对象，因此其研究结论对消费者行为学的研究具有重要的指导意义。

（二）消费者行为学的理论基础

1. 习惯养成理论

习惯养成理论认为，顾客的购买行为实际上是一种习惯的建立与保持的过程。习惯养成理论的主要内容如下：

第一，商品的重复使用促使爱好与兴趣的形成。习惯养成理论认为，顾客对商品的爱好与兴趣是在对某商品（品牌）重复使用过程中建立起来的。顾客经常使用某品牌的洗衣粉，就可能产生对该品牌洗衣粉的爱好，做出经常购买这种品牌洗衣粉的行为。重复形成习惯、习惯促进爱好的例子数不胜数，随处可见。

第二，"刺激—反应"链的巩固程度决定购买行为习惯的养成。顾客对某商品的购买行为直接取决于"商品—购买"这一"刺激—反应"链的巩固程度，即顾客经常购买某种商品，就会形成一种购买习惯，建立起一种稳定的条件反射，一旦再次需要使用时就会去购买这种商品（品牌）。

第三，强化物促进习惯性购买行为的形成。从心理学角度看，购买行为是一种习惯建立的过程，也就是新购买行为的建立过程。这个过程必须借助强化物的作用。例如，某企业的商品不但物美价廉，而且服务周到，顾客多次购买并使用后十分满意，逐渐形成购买该企业产品的习惯。企业的产品质优、价廉、服务周到成了顾客购买习惯形成的强化物。这就是名优产品能博得广大顾客欢迎的原因之一。①

---

① 习惯养成理论[EB/OL]. (2022-08-22)[2024-03-17]. https://wiki.mbalib.com/wiki/%E4%B9%A0%E6%83%AF%E5%85%BB%E6%88%90%E7%90%86%E8%AE%BA.

2. 信息加工理论

信息加工理论是认知心理学基本理论。该理论从机能上，即从行为水平上将人脑与计算机进行类比，把人脑看作类似于计算机的信息加工系统。认为人的认知过程就是对信息的加工过程，力图建立心理活动的计算机模型；涉及人如何注意、选择和接收信息，如何对信息进行编码、内在化和组织，以及如何利用这些信息做出决策和指导自己的行为等。认知心理学家利用计算机科学、语言学和信息论的有关概念，阐明人的认知过程及其适应行为，推动心理学各个领域的理论和实验研究的发展，特别是在知觉、记忆、语言和问题解决的研究中，取得迅速发展。①

3. 减少风险理论

减少风险理论认为，顾客在购买活动中常常存在着不同程度的风险，因此，顾客在购买商品时，总是力图减少或者回避风险。从顾客角度出发去分析，顾客的购买行为是一种努力减少风险的行为。如果风险很大，而且难以减少或回避，则顾客可能不实施购买行为。②

4. 边际效用理论

边际效用理论源自微观经济学中边际效用递减原理。该理论认为，当人们消费商品的时候，追求商品带来的最大满意度是人们消费商品的目的和愿望；随着消费商品数量的增加，给消费者带来的总的满意程度也在增加；在总的满意程度增加的同时，每一单位商品给消费者带来的满意程度却在减少。③

二、消费者行为学的历史演进

（一）消费者行为学的起源

消费者行为学作为一门学科，尽管其诞生仅有60多年的时间，但是对消费者行为的研究却自古就有。早在春秋战国时期，计然就运用经济循环学说来预测市场，他发现了物价随天时和气候而变化的规律，提出了"旱则资舟，水则资车，物之理也"的经营原理。意思是，天气干旱的时候船价就会下跌，这时

① 林崇德, 杨治良, 黄庭希. 心理学大辞典（下卷）[M]. 上海: 上海教育出版社, 2003.
② 减少风险理论[EB/OL]. (2015-06-15)[2024-03-17]. https://wiki.mbalib.com/wiki/%E5%87%8F%E5%B0%91%E9%A3%8E%E9%99%A9%E7%90%86%E8%AE%BA.
③ 罗子明. 消费者心理学[M]. 2版. 北京: 清华大学出版社, 2002: 106.

应当大量收购船只储备起来，等待以后发大水时船价上涨，再去卖个好价钱。然而，在水灾时车价下跌，这时要大量购买车子储备起来，等待日后天气干旱车价上涨时再卖出，赚个好价钱。这些例子体现出我国传统文化中的消费思想。

古希腊哲学家亚里士多德提出"欲望是心理运动的源泉，一切情感、需要、动作和意志均为欲望所引发"的命题。古希腊哲学家色诺芬最早提出"消费"这个术语。西方重商主义的杰出代表托马斯·曼提出了折中的消费原则，英国古典经济学家则强调节制消费。法国的西斯蒙第提出了社会生产的目的是满足消费者需要的观点。经济学之父亚当·斯密所信奉的"看不见的手"的原理也是建立在个体消费者行为的观察和某些假设之上的。上述历史资料说明，分析和预测消费者需求早已有之，但是具有完整体系的消费者行为学尚未产生。

（二）消费者行为学的发展

无论是在东方还是在西方，对消费者行为的关注由来已久，但关于消费者行为的专门研究，则起始于20世纪60年代。消费者行为学的发展大概分为4个阶段。

1. 萌芽阶段（19世纪末—20世纪初）

西方各国经过工业革命之后，生产力大幅提高。商品生产的增长速度超过了市场需求的增长，生产能力相对过剩，购买能力相对不足。其中的矛盾日益突出，企业之间的竞争逐渐加剧，针对消费者的广告促销和商品推销活动日渐得到关注，对消费者心理和行为的研究需求更加迫切。与此同时，心理学等相关学科迅速发展，也为消费者行为学的研究提供了必要的理论基础。

本阶段的消费者行为学研究，主要是从不同的角度和不同的方面来探讨消费心理与消费行为的问题，这为后面消费者行为学的形成和发展打下了坚实的基础。在这一阶段中，消费者行为的研究还处于起步阶段，学者们还没有关注到如何去满足消费者的需求。无论是经济学家还是心理学家，在研究有关销售和广告的问题时，关注点不在消费者身上，而是在如何促进产品的销售上。这一阶段对消费者行为的研究相对较为局限和狭隘，没有消费者的直接参与，仅靠学者们的推断。研究结果仅限于理论探讨，没有具体运用到营销实践中，因此未能引起社会的普遍关注和广泛重视。

2. 应用阶段（20世纪30—60年代）

1929—1933年，西方资本主义国家出现了较严重的经济危机，这一阶段生产过剩，工人失业，市场衰退，消费萎缩，产品的销售难度大幅增加，市场完全转变为供过于求的买方市场。在经济危机的背景下，需求问题成为政府和企业不得不面临的最大难题。企业纷纷增加了广告和促销等方面的经济投入，同时开始重视并加强对市场调查和市场未来发展趋势的预测。广告界运用心理学原理来探测广告消费行为的影响日益普遍，由此，广告心理学得以繁荣发展。

第二次世界大战期间，商品供应严重不足，人们对消费者行为的研究兴趣暂时降低。但在这一时期，由于交战双方的物资供应非常紧张，刺激了政府引导消费者使用代用品的消费研究。

第二次世界大战之后，由于商品供应量不断增加，产品的种类也不断地更新换代，消费需求日趋多样化，消费者在面临多种产品选择时，企业之间的竞争更加激烈。消费者的多样化选择促使企业转变经营理念，注重对消费者心理和行为的分析，注重广告推销和促销对消费者购买决策的影响。这一时期，越来越多的学者加入消费者行为学研究的队列，为学科的形成和壮大奠定了坚实的基础，由此推动了消费者行为学研究的快速发展。

3. 发展阶段（20世纪70年代—20世纪末）

20世纪70年代后，对消费者行为学的研究进入全面发展和成熟时期，研究成果不断丰富。在这一时期，心理学、社会学、人类学和经济学等多学科的研究成果，在消费者行为学的研究中得到广泛运用，研究方法的科学性和实用性大大增强。

20世纪70年代出现的另外两个重要进展，分别是关于家庭决策的研究和关于心理统计与生活方式的研究。在家庭决策的研究中，家庭分工、孩子在决策中所起的作用、儿童消费的社会化等问题，成为这一研究当中的重要问题。在心理统计与生活方式的研究中，基于消费者个性做出市场细分是这一研究中的主题。

4. 广泛应用阶段（21世纪以后）

21世纪以后，消费者行为学得到了广泛应用。许多学者和企业实践人员对消费者心理和消费的行为十分关注，他们以市场导向、市场细分和市场规模作为消费者研究的中心，充分反映了人们对消费者行为学的重视。这一时期消费者行为学的研究内容不再局限于消费者信息加工和购买决策过程，还涉及消费生态、消费文化、信息处理、消费者心理结构、消费信用以及外部环境对消费者行为的影响。随着研究的深入，参与消费者行为学研究的学者，不仅来自心理学、社会学、人类学等领域，还有从事管理学、法学、经济学理论研究的工作者，这对于消费者行为学的多学科交叉以及研究成果的丰富起到了促进作用。

第三节 消费者行为学研究意义、研究内容和研究方法

在市场竞争日益激烈的今天，如果不了解消费者，无法满足消费者的需求，企业就无法获得利润，甚至可能无法生存下去，因此研究消费者行为学，对于国家政策的制定、企业的生存和发展，以及消费者利益都具有重要的意义。

一、消费者行为学的研究意义

（一）从国家层面上，消费者行为学的研究有利于政策制定和生态环境保护

从宏观层面来看，研究消费者行为学不仅有利于宏观经济政策的制定、消费政策的制定，而且对生态环境的保护也大有裨益。

1. 研究消费者行为学有利于国家宏观经济政策的制定

国家宏观经济政策是国民经济发展的基础和决定因素，国家经济政策的制定必须以市场商品供应和消费需求的客观情况为现实依据。只有透彻了解消费者的购买心理和行为，把握消费者的购买趋势和影响因素，准确地预测消费需求的发展趋势，才能制定出正确的财政政策、货币政策、融资政策、投资政策和各项法律法规，进而实现商品供应和需求之间的平衡，促进国民经济健康、持续、平稳发展。

2. 研究消费者行为学有利于消费政策的制定

消费者作为社会的一员，拥有自由选择产品与服务、获得安全的产品、获取正确的信息等一系列权利，消费者的这些权利是构成市场经济的基础。政府有责任也有义务禁止欺诈、垄断、不守信用、损害消费者权益的行为，也有责任通过宣传教育等手段，提高消费者自我保护的意识和能力。消费者行为学的研究能够为政府制定消费者权益保护的相关法律提供借鉴。

3. 研究消费者行为学有利于生态环境的保护

改革开放以来，由于生态环境保护意识的缺乏，许多企业为了自身利益而在生产经营活动中肆意破坏生产生态环境，导致生态环境急剧恶化，甚至在

有的地方经济的发展是以牺牲环境为代价的。因此研究消费者心理和行为，有助于人类正确认识自己的需求，减少无益消费和有害消费，减少污染，节约资源，更有效地保护赖以生存的环境。

（二）从企业层面上，消费者行为学的研究有利于营销策略的制定

消费者行为学的研究有利于企业营销策略的制定，比如市场机会分析、市场细分、市场选择、产品定位、营销组合。

1. 市场机会分析

市场机会就是市场中未被满足的消费者需求。想要了解消费者哪些需求没有被满足或没有被完全满足，就需要对市场条件和市场趋势进行分析。随着"健康中国行动计划"的日渐深入，人们对自身的身体健康越来越关心。运动器材、健康饮食、减肥饮料、健康咨询等服务越来越受到消费者的欢迎。

2. 市场细分

市场细分是指将整体市场分为若干个子市场，每个子市场的消费者都具有相同或相似的需求及行为特点，不同子市场的消费者在需求和行为上存在较大差异。企业细分市场的目的是找到适合自己进入的目标市场，并根据目标市场的需求特点制订有针对性的营销方案，使目标市场的消费者需求得到充分满足。

3. 市场选择

深入了解消费者，有助于识别哪些个体更多地介入产品的获取、使用等决策。英国一家小油漆厂访问了许多潜在消费者，他们对市场做了以下细分：本地市场的60%是一个较大的普及市场，对各种油漆产品都有潜在需求，但是无力参与竞争；另有4个是细分市场，各占10%的份额。家庭主妇群体，特点是不懂室内装饰需要什么油漆，但是要求质量好，希望油漆商提供设计方案，油漆效果美观；油漆工助手群体，特点是需要购买质量较好的油漆，替住户进行室内装饰，他们过去一向从老式金属器具店或木材厂购买油漆；老油漆技工群体，特点是一向不买调好的油漆，只买颜料和油料自己调配；对价格敏感的青年夫妇群体，特点是收入低，租公寓居住，按照英国的习惯，公寓住户在一定时期内必须为住房刷漆，以保护房屋，因此他们购买油漆不求质量，只要比白粉刷浆好就行，但要价格便宜。通过研究，该厂决定选择青年夫妇作为目标市场，并制订了相应的市场营销组合方案，获得了较大的收益。因此，只有深入了解消费者的需求和行为特点，才能对目标市

场进行选择。

4. 产品定位

产品定位是指企业用什么样的产品来满足消费者或目标消费市场的需求。从理论上来讲，应该先进行市场定位，然后进行产品定位。产品定位是对目标市场的选择与企业产品结合的过程。例如，8848钛金手机是一款国产高端手机，目前国产手机市场的繁荣，很大程度上是8848钛金手机带动起来的。在代言方面，8848钛金手机选择某著名企业家代言，以珠穆朗玛峰的高度和钛金等标签表现自己的与众不同。8848钛金手机制造商把市场分得非常清楚，其做的是高端手机，与其他国产手机冲突不大，所以轻松进入了这个行业。

5. 营销组合

营销组合包括新产品开发、产品定价、分销和渠道的选择、广告和促销策略的制定4个方面。通过了解消费者的需求与欲望，了解消费者对各种产品的评价，企业可以据此开发新产品。消费者调查既是新产品构思的重要来源，也是检验新产品能否被接受和应在哪些方面进一步改进的重要途径。产品定价如果与消费者的承受能力或与消费者对产品价值的感知脱节，再好的产品也难以打开市场。消费者喜欢到哪些地方购物以及如何购买到本企业的产品，也可以通过对消费者的研究了解到，对消费者行为的了解也是制定广告和促销策略的基础。

（三）从个人层面上，消费者行为学的研究有利于消费者合法权益的保护

从消费者自身的角度来说，研究消费者行为可以引导消费者合理消费，从而保护消费者的合法权益。每个人都是消费者。一方面，希望企业能够了解消费者的需求，生产出消费者所需要的产品；另一方面，作为消费者，希望通过对消费者行为学这一学科相关知识的了解，使自己能够成为一个理性的、精明的消费者，建立正确的消费观和消费方式。

二、消费者行为学的研究内容

消费者行为学的研究内容主要由三部分构成，分别是消费者决策过程、影响消费者行为的个体与心理因素、影响消费者行为的外部环境因素。如图1-2所示。

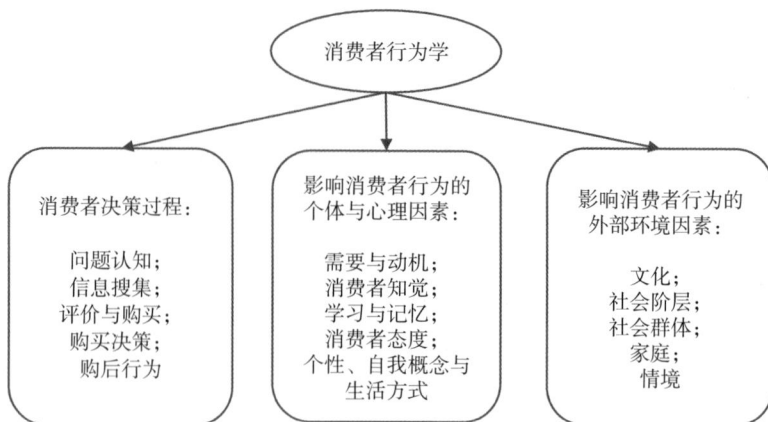

图1-2　消费者行为学的研究内容

（一）消费者决策过程

消费者决策过程包含5个阶段，即问题认知、信息搜集、评价与购买、购买决策、购后行为。消费者感到实际状态与理想状态存在差距，并需要采取某种行动时，问题认知已经发生。问题认知是消费者意识到或者认识到某一消费问题可以是由内部动机引起的，也可以是由外部刺激所引发的。在存在问题认知后，消费者倾向于进行信息搜集，包含内部信息搜集和外部信息搜集。消费者搜集到足够多的内外部信息后，便倾向于对产品或品牌进行评价，以及产生购买意向，进行购买决策。购买并不是决策过程的终结。产品买回来后，消费者会使用产品，也可能将产品束之高阁。在使用的情况下，消费者可能对结果产生满意感，即感到产品或服务的品质、功效达到或超过了预期的水平，这一结果必然影响消费者对该产品或品牌的信念与看法，从而影响下一轮的购买。另一种结果是不满和怀疑，这时消费者对进一步获取信息有很强的需要。此外，产品使用之后还涉及产品的包装和处置。产品的包装和处置行为也会对购买后的评价以及下一轮的购买产生影响。

（二）影响消费者行为的个体与心理因素

影响消费者行为的个体与心理因素，包括消费者的需要与动机，消费者知觉，学习与记忆，消费者态度，个性、自我概念与生活方式。这些因素不仅影响和决定消费者的决策行为，而且对外部环境与营销刺激的影响也将起到放大或抑制的作用。

动机是行为的直接原因，它本身受到需要的驱动。动机作为一种内部影响力量，不仅为行为提供能量，而且引导着行为的方向。产品的品质、价格和其他营销刺激，都需要通过消费者的知觉过程发挥作用。知觉是外部信息或外部刺激与个体经验、知识综合作用的结果，不同个体对同一刺激物所产生的知觉是不同的。学习和记忆的效果，对消费者行为具有重要的意义，主要涉及经典条件反射和操作条件反射。消费者态度是消费者对某些产品表现出好恶倾向，他们可能喜欢也可能不喜欢某个产品或品牌，消费者的偏好和态度是市场营销者非常关心的问题。个性是个体在面临相似环境所做出的独特的有倾向性的反应，它是在遗传与环境作用下逐渐发展起来的心理特征。自我概念就是自己如何看待自己。生活方式则是个体如何生活。个性、自我概念和生活方式，在一些消费者行为学模型中具有重要的作用。

（三）影响消费者行为的外部环境因素

影响消费者行为的外部环境因素包括文化、社会阶层、社会群体、家庭、情境。文化是一个复合体，它包括为某一社会或某一群体所共同拥有的知识、信念、价值观、道德规范、习俗。社会阶层是指社会成员由于在社会生活中获取社会资源的机会和能力的不同，而形成高低有序的层次。社会群体是通过一定社会关系结合起来进行共同活动的集体。家庭是一个重要的社会群体，家庭成员之间互动频繁而且很多购买决策是在多个家庭成员的共同参与下做出的。情境是在特定时空条件下影响消费者活动的短暂的环境因素，它既不同于文化、社会、阶层等具有长期影响的因素，也不同于个性、态度等具有持续行为影响力的个人因素，其对特定的购买活动情境的影响非常大。

三、消费者行为学的研究方法

消费者行为学的研究方法有很多，本书从三种研究导向来进行消费者行为研究方法的划分，分别是决策导向研究法、体验导向研究法、行为导向研究法。

（一）决策导向研究法

决策导向研究法以消费者是一个积极的、主动的问题解决者为出发点，重点了解消费者如何形成策略或者计划，在不同产品与品牌之间做出选择。采用这一方法研究消费者行为，需要大量依赖认知心理学的研究成果，也依赖实验心理学和经济学的某些成果。在这一研究方法指导下，确实产生了很多富有价值的研究成果，但是使用这种研究方法需要注意两个问题：第一，消费者在某些产品上的购买可能是非理性的，他们有可能是通过习惯型购买方式，无意识地进行购买。第二，消费者做出购买决策可能需要跨越比较长的时间阶段，依赖获得的信息做出决策。这样，消费者对自己所作决策的正确性通常没有十足的信心。因此，这种研究方法存在一定的局限性。

（二）体验导向研究法

体验导向研究法的学者认为，在有些情况下，消费者并不是按照一种理性的决策程序做出购买决策的，相反，人们有时购买产品或服务是为了有趣、好玩，为了产生一种离奇感，获得一种情绪或情感体验。冲动性购买、寻求多样化的购买，就是体验型购买的典型例子。为了降低或减少厌倦，获得新的刺激，消费者可能转换品牌，即寻求购买上的多样化，许多以提供休闲和娱乐为目的的服务和产品都有很强的体验成分融入其中，提供这些产品或服务的目的，也主要是在消费者中激起一系列的情感体验。

（三）行为导向研究法

在外部环境力量的驱动下，消费者可能尚未产生或形成关于某种产品的体验和情感，就做出了购买决定。换句话说，消费者在购买某一种产品或接受一项服务时，并不一定经过了一个理性的决策过程，也不一定依赖已经发展起来的某些情感，相反，行动可能来源于环境因素的直接影响。从行为导向角度出发，研究人员在分析消费者行为时，可能更关注或强调通过哪些营销手段或刺激手段直接影响消费者行为，而不一定先影响情感、态度，再通过这些中间变量来影响行为。

第四节　消费者行为学发展趋势

一、研究重心集中在人上

将外部环境归因到人，如自我概念、角色、原型、心理地图，特别是消费者体验，更受到重视。对新一代消费群体的研究是热点，其侧重于从单个人到人的关系的深入研究，如社交网络和消费者虚拟社群。随着研究的深入，与消费者行为相关的心理因素和社会因素被大量引入，如需要动机、个性群体、社会规范、人际沟通等。从目前来看，由于社会环境的变化和消费者自身素质的提高，消费者行为比以往任何时候都要复杂，已有的研究内容很难对某些现象做出全面的解释，消费者行为学的研究更加关注对个体的研究。

二、研究方法更加多样化

在新的社会经济环境下，对消费现象进行事实陈述和定性分析是不够的，为此，现代研究方法越来越倾向于定性和定量相结合的分析方法，运用统计分析技术、信息技术、运筹学、动态分析等研究成果，从因果关系及数量关系上揭示各变量之间的内在联系。这样的研究成果可以更加精确地描述消费者行为的模式和模型。在主流的科学实证方法的基础上，一方面，各种新的定性研究方法被强调，如定义法、分析法、类比法、归纳演绎法、文献法、综合法。另一方面，基于高科技的大数据方法已经出现，如对比分析、分组分析、回归分析、指标分析和预测分析。

三、研究不同文化背景下的消费者行为

长期以来，消费者行为学的研究对象基本局限在西方消费者身上，而全球营销促使研究者开始关注其他文化背景中的消费者行为。新兴市场（如亚洲，特别是中国）的消费者行为研究呈上升趋势。埃森哲对中国消费者的调查分析报告表明，随着智能设备的普及、电商平台的深入及多元化的发展，原有的集体式家庭决策开始拆解家庭消费的决策权，回归个体，尤其是年轻群体和老龄人口的消费意识被逐渐释放，消费者的自我意识也越来越鲜明，非必需品消费成为主要的支出类型并成为塑造人们个人风格的方式。

四、更加强调研究成果的应用

消费者行为学向需求更大和应用价值更高的营销学角度倾斜。这是因为，消费者行为学研究首先是为了赢得消费者和解决市场问题，市场营销管理策略优化的需要是学科发展的主要动因和支撑点。营销学学科背景的强化已反映在不少新书的框架结构中，如有的书名加入"营销战略"（marketing strategy），又如2000年以后新出版的英文教材，个案的内容明显增加（如John C Mowen，2001），表明管理学较推崇的个案教学法（case study）更受到重

视，或更具有应用特色，这是早期同类图书的不足和薄弱之处。

【思考题】

1. 简述消费者及消费者行为的概念。

2. 简述消费者市场的概念及划分。

3. 简述消费者行为学的历史演进阶段。

4. 举例说明消费者行为学的行为导向研究法。

5. 简要阐述消费者行为学的发展新趋势。

第二章　问题识别与信息搜集

【本章目标】

1. 了解并掌握消费者购买决策的特点、决策过程及决策类型。

2. 了解并掌握消费者问题认知过程及影响问题认知的因素。

3. 了解并掌握信息搜集的类型，如内部信息搜集过程、外部信息搜集及其影响因素。

4. 能够运用所学理论，根据对消费者购买理论的理解，在现实生活中做出正确的购买行为；运用消费者购买决策过程，判断消费者具体购买过程；了解消费者的购买习惯和购物心理，掌握提高消费者满意度和忠诚度的营销策略。

第一节　消费者购买决策特点、过程及类型

一、消费者购买决策特点

（一）消费主体的单一性

狭义的消费者是为了满足自我和家庭需要而做出购买行为的最终消费者，虽然这类消费者受到外界环境因素的影响，但是与生产资料消费者相比，其在决策中通常表现得更加独立。

（二）决策范围的有限性

与其他决策相比，消费者的购买决策范围相对有限，主要体现在购买何种商品、购买时间、购买地点、购买方式等方面。如儿童服装在换季时比较热销，消费者在选择购买地点时，会由于其自身产品知识的局限性，选择自己熟

知的地点和渠道购买。

（三）决策因素的复杂性

消费者的购买行为看似简单，其实影响购买决策的因素是复杂的。这些因素中既包含消费者的个性、兴趣爱好、生活习惯、经济收入等个人因素，也包括社会文化、社会阶层、社会群体等环境因素。

（四）决策内容的情境性

消费者的购买行为，一类是有计划的购买，也就是何时、何地、买什么事先都已经做好了计划。但是由于影响决策的因素有所差异，并且随着时间、环境的变化而发生变化，因此消费者不得不经常改变已经提前拟定好的消费计划。另一类是冲动性购买，它是指由于受到某一因素的刺激，消费者产生急需购买的行为。冲动性购买常常伴有非理性的因素，这种决策具有很大的随机性和情境性。关于冲动购买，本书会在后面的内容中详细介绍。

二、消费者购买决策过程

消费者的购买行为是指消费者为了满足某种需求，在一定的购买动机支配下，在可供选择的两个或两个以上的购买方案中，经过分析、评价、选择，最终实施最佳方案以及购买后评价的过程。

具体而言，消费者一般按照以下5个过程来实施购买决策：问题认知、信息搜集、评价方案、购买决策、购后行为（见图2-1）。消费者购买决策过程表明，消费者的购买在实际购买之前已经开始，并且延伸到了实际购买之后，这就要求营销人员在关注购买过程中不仅仅要注意销售过程，还要注意购前过程和购后过程。

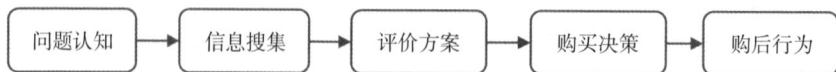

问题认知 → 信息搜集 → 评价方案 → 购买决策 → 购后行为

图2-1　消费者购买决策过程

（一）问题认知

当消费者认识到自己有某种需要的时候，就是决策过程的开始，这种需要可能是由于其内在的生理活动引起的，也有可能是受到外界环境刺激所引发的。

（二）信息搜集

当消费者产生问题认知之后，便会围绕个人需要展开广泛的信息搜集。信息搜集包括两方面：内部信息搜集和外部信息搜集。这部分内容将在本章第三节详细介绍。

（三）评价方案

消费者从不同途径、不同渠道获得大量信息后，根据已获得的信息进行方案选择，即进入购买决策的评价方案阶段。在这一阶段，消费者对记忆中存储的信息和从外界获取的信息进行去粗取精、去伪存真的信息加工过程，从而形成一套标准，并利用这套标准对评价方案进行比较和选择，但评价的标准会因为消费者的价值观不同而产生较大差异。比如，价格敏感者的消费者会以价格低廉为基本尺度，注重品牌的消费者会以品牌的知名度为选择标准。对于同一决策，不同的消费者可能做出完全不同的评价。有关评价方案的具体内容将在第三章详细介绍。

（四）购买决策

消费者对各种方案进行选择和评价之后，接下来就需要确定一个最满意的方案，做出购买决策，最终实施购买行为，这是消费者整个决策过程的核心环节。但是，需要指出的是，购买决策和最终的购买行为是有本质区别的。一般情况下，消费者一旦选择了某一品牌的商品，就会执行这个决策，并会真正地实施购买行为。有时候在消费者即将采取购买行为之前，也会发生决策的变化。

（五）购后行为

与传统观念相比，现代市场营销观念的最重要特征是对消费者购后行为的研究，以提高其购买满意度和忠诚度。消费者的购后行为过程分为三个阶段：第一，购后的使用和处置；第二，购后评价；第三，购后行动。这部分内容将在第四章详细介绍。

三、消费者购买决策类型

"为什么有时候明明我们的产品比对手更有竞争优势，但是产品的销路却不好？为什么我们花了那么多广告费，但是产品的销量却迟迟未提升？为什么之前的营销手段突然就不奏效了呢？"许多企业及营销人员都会面临以上这些问题。这些问题背后的逻辑是，一切营销做法都非常合理，但是却得不到消费者的回应。在做了大量的市场分析、竞品调查、消费者行为的分析，在明确了产品定位之后，广告投放理应能够得到消费者的强烈回应。但是，现实的情况却和想象的有所差别。事实上，成功营销的先决条件应是先明确消费者对商品是如何选择的，然后才能影响消费者做出选择。

消费者在选择产品时，搜集信息的范围和数量、决策速度、心理过程均存在差异，因此将消费者购买类型分为三类，即名义型决策、有限型决策和扩展型决策（见图2-2）。

图2-2　消费者决策类型汇总

（一）名义型决策

名义型决策，就其本身而言并未涉及决策。它是消费者根据已有的消费习惯和品牌忠诚而直接做出的决策，在决策时消费者并未进行一定的信息搜集和品牌比较。当被选择的产品无法达到预期时，购买后的评价才会产生。这种类型的决策，通常发生在购买程度较低的情况下。

名义型决策可以分为两种类型，即忠诚型决策和习惯型决策。第一，忠诚型决策。它是指消费者认定某一品牌相比竞争品牌能够更好地满足其需求，并对该品牌形成了情感上的依赖，从而长期反复选择该品牌。第二，习惯型决策。习惯型决策和忠诚型决策在外在形式上表现一致，也就是说，较长时期内重复选择某一品牌。但是不同于忠诚型决策的是，习惯型决策中消费者重复选择某一品牌，是因为其认定不同品牌其实没有实质差异，当遇到竞争品牌降价或者竞争企业采取较为有效的促销措施时，消费者可能很快就会转换品牌。

（二）有限型决策

有限型决策是指消费者对某类产品有了一定程度的了解，或者对这类产品如何选择已经建立起了一些基本的评价标准，但还没有发展起来对某些特定品牌的偏好，还需要进一步搜集信息，以便在不同品牌之间做出比较。

有限型决策一般包含两种情况。

第一，追求多样化的购买决策，以及在他人影响下或某种情绪支配下做出的购买决策。比如女生喜欢频繁更换护肤品品牌。

第二，消费者的购买决策是在观察或模仿他人的基础上而做出的。此时，信息搜集和品牌比较等活动几乎不存在。最典型的例子是和朋友一起外出就餐，当看到新的餐馆开业或者去一家自己从未去过的餐厅时，对于点什么菜、喝什么酒、喝什么饮料，很多人并没有形成特殊的偏好或习惯。所以，消费者倾向于观察他人的行为，看一看别人点的什么菜和饮料，或者根据服务员的推荐做出最终决策。

（三）扩展型决策

扩展型决策是指消费者对某类产品的具体品牌不熟悉，而且也没有建立起相应的品牌或产品评价的标准，只是在大量信息搜集的基础上，通过慎重考虑，较高介入程度，最终做出的决策。

扩展型决策是一种非常复杂的购买决策，在这种决策中，消费者介入程度较高，品牌之间差异较大，而且消费者有较多的时间进行斟酌思考，最终做出购买决策。这种决策类型最突出的特点就是消费者需要进行大量的信息搜集，并且对各种备选产品做广泛且深入的评价与比较。

扩展型决策一般受到三个方面因素的影响。

第一，消费者的购买介入程度。所谓介入程度，是指消费者对购买或购买对象的重视程度和关心程度。对于不同产品，以及同一产品在不同的情境下，消费者的介入程度是不同的。贵重的产品，消费者介入程度一般较高。同一种商品，当该商品对消费者来说更加重要的时候，消费者的介入程度也会比较高。比如，若想给朋友买一件礼物，首先需要充分了解这位朋友的喜好；然后再对其喜欢的产品的品牌进行充分了解，如价格、功能、购买渠道、品质等；之后在多个品牌之间进行选择；最终做出购买决策。但是如果这个产品是送给自己的，那么消费者介入程度就会下降。

第二，各种备选产品或备选品牌的差异程度，如果购买者认为不同品牌或不同产品之间，在性能、功能、价格方面差异较大，就会倾向于进行广泛的信息搜集，并且对不同品牌进行认真的比较；反之，购买者则会减少信息搜集。

第三，时间压力，在时间极为紧张的情况下，消费者花很多的时间去搜集信息，或许并不是一个明智的选择。比如，当行驶在高速公路时，汽车轮胎忽然有压力报警，这时驾驶者会尽快地搜索最近的汽车修理厂进行补胎或者换胎，哪怕补胎或换胎的价格比平时还要高，驾驶者也会毫不犹豫地进行购买。但是，如果在平时购买轮胎时，驾驶者的决策过程可能更加复杂，花的时间也会更多。

第二节　问题认知

如今，每年都有成千上万种新产品上市，消费者如何能做到不用走遍全球，就可以买到适合自己的产品，并详细了解每件产品的功能呢？许多消费者可能会选择查看网上有关产品的评论，比如在京东、淘宝、唯品会等在线购物网站搜索包含详细产品信息、产品价格、买家评论、使用体验等相关信息，这些网站提供的顾客评论具有较大的参考性和吸引力。

一、问题认知过程

一般而言，消费者决策始于消费者意识到自己有一个亟待解决的问题，比如消费者需要购置一部手机；换季时，妈妈需要给孩子添置衣物。这些都涉及问题认知。问题认知是指消费者感知到理想状态与实际状态存在差异。这是购买决策中最重要的阶段，因为它能激发消费者采取行动。

理想状态是指消费者想要达到的一种状态，比如，拥有一部性能完备的手机、穿着光彩亮丽的衣服、家中备齐了常用药品、车加满了油。而实际状态是指消费者感知到当前所处的真实状态，比如，手机无法满足拍照需求；换季时衣柜空空如也；生病时家中没有常备药品；在高速公路上行驶时，汽车的油即将耗尽。理想状态和实际状态之间的差距越大，消费的动机能力和机会水平就越高，消费者就越有可能采取行动。如果消费者没有意识到消费问题，那么他们的消费动机就会很低。理想状态和实际状态的差距见图2-3，理想状态与实际状态广告图见图2-4。

（一）理想状态

对理想状态的期望从何而来呢？有时，依靠一些简单的想象。这些想象通常基于过去的经历与日常消费和处置，以及产品或服务如何满足需求。理想状态还可以发挥建立未来的目标和渴望的功能。

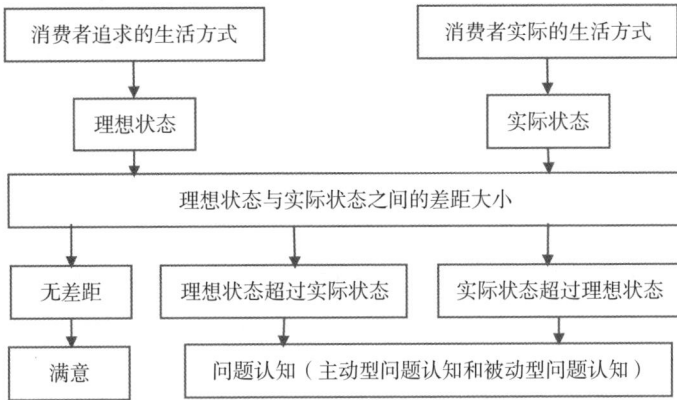

图2-3　理想状态和实际状态的差距

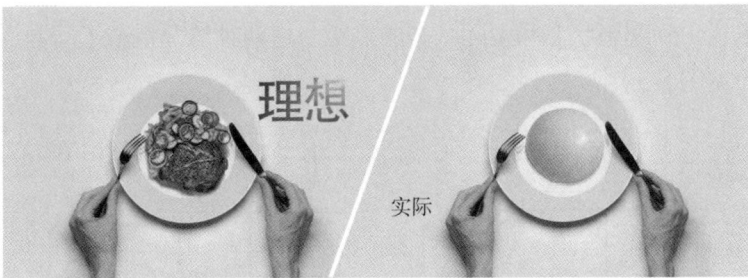

图2-4　理想状态与实际状态广告图

（资料来源：理想与现实[EB/OL].（2018–06–01）.https://www.zcool.com.cn/work/ZMjgxNDk5NzY=.html.）

对理想状态的想象是由个人动机以及社会文化激发的。有些社会更加物质化，因此在这些社会文化中，人们对商品和服务的渴望会高于其他社会。与此类似，社会阶层也会对此产生影响，许多消费者希望得到同阶层人们的认可或提升社会阶层，这促使其产生了更高的理想状态。参照群体也起着重要的作用，因为想要被他人接受，参照群体也会引导着行为。

个人环境的变化也会促使新的理想状态的形成，比如结婚、生子、子女升学、升职等。当大学生毕业找到工作后，可能在住在哪里、穿什么样的衣服、开什么样的车等方面形成新的理想状态。

（二）实际状态

与对理想状态的知觉一样，对实际状态的知觉也受到多种因素的影响。第一，物理因素。比如护肤品用完了、手机坏了，或者移动硬盘存储满了，等等。第二，实际需要。如果你渴了或者饿了，或者朋友们嘲笑你的着装，你可能会无法接受自己的实际状态。第三，外部刺激。外部刺激可能突然改变你对实际状态的知觉，比如有人告诉你下周是情人节，你突然意识到还没有为自己的爱人准备贺卡或礼物。

二、问题认知的类型

问题认知不仅和消费处置有关，还和获取有关，消费者可以识别诸如晚餐吃什么、穿什么衣服或者是否需要替换掉一台旧设备。利洁时家化公司在深入研究问题认知的过程中，发现消费者会扔掉洗褪色的衣物，于是该公司推出了不会使深色衣物褪色的洗涤剂[①]。这就涉及问题认知的类型。在有些时候，消费者能够意识到理想状态与实际状态之间的差距；但是在另一些时候，消费者可能并未意识到理想状态和实际状态的差距。这两种情况造就了问题认知的两种类型（见图2-5）。

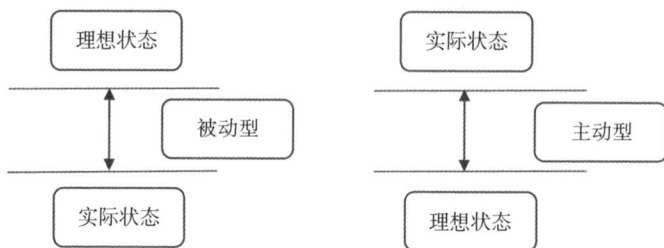

图2-5　被动型问题认知与主动型问题认知

（一）被动型问题认知

被动型问题认知是消费者尚未意识到，或需要在别人提醒下才可能意识到的问题。迪恩博莱木料公司经营某国的油松。这种油松是一种天然木材，即使在潮湿的环境下也能用火柴一点即燃，且持续燃烧15~20分钟，在燃烧过程中

---

① MAYNARD M. Wrapping a familiar name around a new product[N]. New York Times, 2004-05-22.

它不会爆出火花，因而安全性相对较高，这种木材可加工成15～18英寸（编者注：1英寸=2.54厘米）长、直径为1英寸的小木棍，用于壁炉点火；也可压成碎木片，用来引燃供烧烤用的木炭。①

在该产品推向市场前，公司进行了一项市场调查，以预测需求和据此制定市场营销策略。主要潜在客户接受了调查。第一组被访问者被要求回答如何点燃壁炉以及在此过程中遇到了哪些问题，几乎所有应答者都说是用报纸或类似的引燃物，几乎没有人认为这有什么问题。接着，公司向他们介绍了用松油做的新产品，并咨询他们的购买意愿，结果很少有人有购买兴趣。富有戏剧性的是，在这些人实际使用该产品几个星期之后，他们纷纷感到该产品是对现有引火方法的改进，并表达了继续使用该产品的强烈愿望。由此可表明，引火中的问题是存在的，只是大多数消费者没有意识到，这就是被动型问题认知。因此，在向壁炉点火市场销售这种点火木棍时，要获得积极反应，公司需要首先唤起消费者对问题的认知。

（二）主动型问题认知

主动型问题认知是指在正常情况下，不经提示，消费者就会意识到的问题，比如家里的电视机出了毛病，即使别人不提醒，消费者也会意识到要找人修理。上述案例中第2组关于点燃木炭的被调查者中，相当多的人表达了对于液体点火器安全性的担忧，这些人对安全性能更高的点火产品有着强烈的兴趣，当他们看到公司提供的产品时，马上表示了购买意愿，这就是主动型问题认知。在这种情况下，公司不用担心消费者对问题的认知，营销重点应该放在向消费者描述这种新产品如何更好地解决消费者已经认识到的问题。

三、消费者对问题认知的类型

很多情况下，营销者不只是被动地对消费者意识到的问题做出反应，而是希望在消费者尚未意识到该问题之前，激发消费者对问题的认识。前面介绍的迪恩博莱公司为销售壁炉点火产品就面临这一问题。激发消费者对问题认知的类型可以分为：一般性问题认知和选择性问题认知。一般性问题认知与选择性问题认知和经济学中的一般性需求与选择性需求的概念有相似之处。

---

① 霍金斯，贝斯特，科尼. 消费者行为学[M]. 符国群，等译. 7版. 北京: 机械工业出版社, 1998: 504–505.

（一）一般性问题认知

一般性问题认知涉及的理想状态与实际状态之间的差别，可以通过同一类产品中的不同品牌来缩小。一般来说，当一家公司着力于影响消费者的一般性问题认知时，该问题对消费者往往是潜在的，或至少目前不是特别重要的。而且具有以下特征：第一，所涉及的产品处于产品生命周期的早期；第二，该公司在此产品市场中占有较高的市场份额；第三，问题认知后的外部信息搜集相对有限；第四，需要全行业的协作努力。

（二）选择性问题认知

选择性问题认知涉及的理想状态与实际状态的差别，通常只有某个特定的品牌才能予以解决。一般性问题认知会导致整体市场的扩大，而选择性问题认知则只会增加某个特定品牌或某个特定企业的产品销售量。现实生活中，大多数企业在促销活动中强调的是其自身的产品或品牌的独特性，实际上就是试图激发消费者的选择性认知。

第三节　信息搜集

消费者一旦意识到某个需求的存在，并且感到有必要采取行动解决这一问题时，就会开始搜集有关信息。消费者花多大力气搜集信息？搜集哪些信息？从哪里搜集信息？这些内容对营销者来说非常重要。

一、信息来源

假如你现在正考虑买一台笔记本电脑，你会从哪些方面获得信息呢？你可以求助于对电脑比较了解的朋友、同学，也可以查阅与电脑相关的杂志或网站，还可以走访电脑城，与销售人员交谈以获取信息。消费者获取信息的来源和渠道有很多，归纳起来主要有5个方面：记忆来源、个人来源、大众来源、商业来源和经验来源。

（一）记忆来源

通过过去的信息搜寻活动、个人经验和低介入度的学习所形成的记忆，是大多数消费者最主要的信息来源。在很多情况下，消费者依靠存储在大脑当中的记忆信息，就可以解决其所面临的购买问题，比如在购买牙刷、饮料、食品等产品时，绝大多数消费者凭借过去的印象和经验做出选择，他们无须依赖于其他的外部信息。

（二）个人来源

个人来源包括朋友、同事、同学、家人等。康艺伟针对消费者信息搜集对普通商品住宅购买决策的影响研究发现，相关群体信息源是消费者在购房时的主要信息来源。68.28%的消费者会通过身边的朋友、同学、同事的购房经验获得房源信息。[①]由此可见，在较为贵重的商品购买过程中，个人来源是消费者搜集信息的主要来源之一。

（三）大众来源

大众来源包括大众媒体、政府机构、消费者组织等，大众媒体刊载的有关消息、报道及有关生活常识的介绍，对某些产品的购买是非常有帮助的，我国有关政府机构（如国家质量技术监督局）会定期或不定期地对某些产品进行检测，并将结果公之于众，为消费者选择产品提供了有价值的信息。

（四）商业来源

商业来源包括广告、店内信息、产品说明书、宣传手册、销售人员介绍等。广告作为一种非常直观的信息传播模式，已经逐渐渗透到人们日常生产生活的各个环节中，并且逐渐成为企业营销的最重要方式之一。广告的最终目的就是通过宣传来提高消费者对企业或者商品的好感，并且这种好感会促进消费者购买企业的相关产品或服务，因此对于消费者和企业来说，广告的作用很大。

（五）经验来源

消费者到不同商店比较各种产品的价格，或者亲自观测产品并试用产品，

---

① 康艺伟. 消费者信息搜集对普通商品住宅购买决策的影响[D]. 郑州: 郑州大学, 2016.

此来源被称为经验来源。经验来源获得的信息最为直接，也最为消费者所信赖。但是受时间、知识等条件的约束，消费者很难完全（或主要）依赖经验来源获得信息。

二、内部信息搜集

正如前文所述，内部信息搜集是指消费者将过去存储的长期记忆中关于产品服务和购买的信息提取出来，以解决当前面临的消费或购买问题。内部信息搜集一般优先于外部信息搜集，而且在不同类型的决策条件下，内部信息搜集的程度也存在差别。越是重要的、复杂的购买问题，内部信息的搜集范围越广泛。

由于大脑处理信息的能力有限，以及消费者的记忆随着时间的流逝存在衰退的情况，内部信息搜集过程中，只有存储在消费者头脑中的部分信息会被回忆起来。在内部信息搜集部分，着重讲解三方面内容：搜集内容、搜集过程、内部信息的准确度。

（一）搜集内容

消费者在进行内部信息搜集时，从记忆中提取的信息主要有品牌信息、产品属性信息、产品评价信息、产品体验信息。

1. 品牌信息

虽然消费者可能知道某类产品的多个品牌，但是在一些特定的情境下，消费者可能只能回忆起其中的少数几个品牌，比如去购买电脑时，可能会想起戴尔、苹果。把这些能够被回忆起的品牌考虑进购买决策，这些进行比较过的品牌叫作激活域。那么，哪些品牌会进入激活域呢？这受到消费者的目标、品牌知名度、购物背景等多个因素的影响。

2. 产品属性信息

假设消费者正在考虑买一部华为手机，此时消费者将从记忆中提取关于该品牌在价格、功能、售后服务等方面的具体信息。这些都属于产品属性方面的信息。通常情况下，消费者倾向于用一种简单的方式来提取产品属性信息，而不是以原始的形式来提取。研究发现，如果属性信息更具有"诊断性"，那么它更容易被回忆起来。比如，如果各航空公司在同一航线上的机票价格差不多时，此时价格就不具有诊断性；如果某航空公司的机票定价特别高或者特别低时，那么价格的诊断性就增强了。研究显示，品牌的负面信息比品牌的正面信息更具有诊断性，因此，品牌需要尽量降低负面信息。

3.产品评价信息

相比具体的产品属性信息，消费者更容易回忆起产品的评价信息。如果消费者在接触广告时主动对品牌做了评价，那么在以后回忆起该品牌时，更可能呈现这种评价的信息。比如，当消费者偶然间发现一则广告，这则广告对某个品牌的手机做了全面的、详细的介绍，消费者根据这些信息做出了是否喜欢该品牌的评价。一段时间后，当消费者真的去购买手机时，其会马上回忆起该品牌并判断自己是否喜欢，但对于那些具体引发自己喜欢该品牌的产品属性信息，消费者可能完全记不起来。

4.产品体验信息

如果在产品或服务购买中，消费者经历了特别愉快或者特别不愉快的体验，那么这方面的信息可能更容易被回忆起来。因为他们具有"自传体式"记忆的特征，并伴随情绪或情感体验，因此在记忆里更加突出，更加鲜明，更加形象化。很明显，企业可以尝试在消费者的体验与产品服务之间建立起联系，如使购买过程或消费过程具有更多的体验性和产生更多的正面情绪，也可通过怀旧或勾起消费者对过去美好事件的回忆来提升消费者对产品或公司的形象和记忆。

（二）搜集过程

本部分介绍了以下几个概念及其相互关系：意识域、未意识域、激活域、惰性域、排除域。意识域是指消费者所知道的备选品牌，未意识域是消费者不知道的备选品牌，激活域是被消费者所考虑的品牌，惰性域是消费者可备选的品牌，排除域是消费者肯定不会选择的品牌。它们之间的关系如图2-6所示。

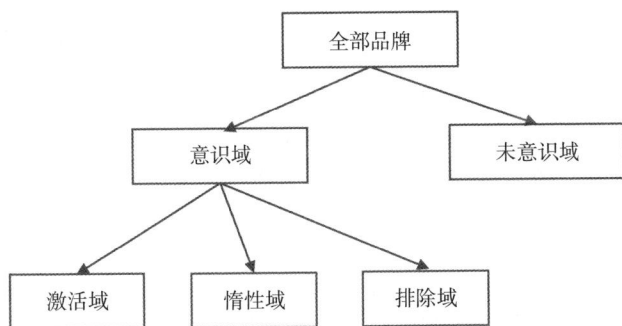

图2-6　内部信息搜集过程中对应的品牌分类

从图2-6中可以看出，意识域和未意识域组成了全部的品牌，在意识域中又包含激活域、惰性域和排除域。激活域是由那些可以作为备选品予以进一步考虑的品牌所组成的。如果一开始，消费者就对激活域里的品牌感到满意，那么其就会将信息搜集集中于这些品牌，并在特定的评价标准上进行比较。如果未形成激活域或对激活域里的品牌缺乏信心，那么消费者可能会进行更多的信息搜集，最终形成一个完整的激活域。惰性域是由那些虽然消费者了解但不为消费者所关心的产品或品牌所组成的。消费者对惰性域里的品牌既无特别的好感也无恶意，他们通常会接受有关这些品牌的正面信息，但不会主动搜寻这些品牌信息。排除域，顾名思义，就是这里的品牌是消费者所不喜欢或不予考虑的，即使有关这些品牌的信息非常容易获得，消费者也会将其放置一旁，不予理会。

很明显，所有品牌都希望能够进入消费者的激活域，否则这一品牌被消费者所选择的可能性很小。为此，需要了解哪些因素会帮助消费者记住这些品牌并有效地回忆起这些品牌，以使这些品牌处于或进入消费者的激活域中。

（1）品牌熟悉度。越是消费者熟悉的品牌，越可能被激活。

（2）典型性。品牌如果更能代表某一类产品，那么在内部信息搜集过程中，越容易被消费者想起。

（3）目标与使用情境。消费者有时会按商品使用的情境或使用的目标对产品进行分类，比如，运动时戴的手表、出席正式场合所戴的手表。企业如果将自己的品牌定位于某个特定的目标或使用场景，那么在这些购买目标或消费情境下，品牌更容易被回忆起来。

（4）品牌偏好。越是被消费者所喜欢的品牌或消费者态度越正面的品牌，越可能被纳入激活域。

（5）回忆线索。如英特尔广告中的音乐、脑白金广告中的台词、孩子们喜欢的肯德基logo，这些都可以作为回忆的线索，帮助品牌进入激活域。

已有研究结果表明，随着消费者品牌忠诚度的增强，激活域的规模将逐渐变小。影响激活域大小的因素，主要有消费者的受教育程度、消费者的家庭规模、意识域中所含品牌的数量、消费者对不同品牌使用于不同场合的认知水平。[1]

---

① MOWEN J C. Consumer behavior[M]. New York: Macmillan Publishing Company, 1993: 396-397.

（三）内部信息的准确度

除了影响回忆的因素以外，消费者还会改变内部信息的加工偏差，这些偏差有时会导致消费者对非最优判断或决策信息的回想。一般有三种偏差对营销有着重要的影响，分别是确认性偏差、抑制和心境。

1. 确认性偏差

确认性偏差是消费者可能回想起那些能强化信念的信息，而不是与之相矛盾的信息，从而使消费者做出比真实情况更加积极的判断或决策。也就是说，消费者只想看见想看见的东西，因为它的产生，可以和消费者所希望的观点保持一致。进行内部信息搜集时，消费者会想起自己喜欢的品牌或曾经试用过的品牌信息，而不大可能回忆起不喜欢或被自己拒绝的品牌，并且当确认性偏差发挥作用时，消费者会回想起自己喜欢品牌的优点，而忽略其缺点。

2. 抑制

当消费者到售楼处去买房时，他们可能会关注购房的价格、户型面积、地段，但同时也有一些重要的信息被忽略了，比如物业。这就是抑制。抑制是指回想起一种属性会抑制对其他属性的回想。抑制会导致有偏差的判断和决策，因为消费者可能会忽略掉重要的、有用的信息。

3. 心境

消费者倾向于回想起与他们心境一致的信息、感受和体验。了解了消费者的这一主观偏差，企业在策划广告时，可以利用幽默或具有吸引力的视觉冲击，让消费者处于好心情，从而促进消费者回想起积极的属性信息。

三、外部信息搜集

有时，消费者的购买决策可能完全基于从记忆中回想起的信息。但有时，消费者回想起的信息会丢失或者呈现不确定性，于是消费者开始进行对外部信息的搜索。消费者运用外部搜索来获得额外的信息，称为外部信息搜集。本部分将详细介绍外部信息搜集的内容、过程和影响因素。

（一）搜集内容

研究人员对消费者外部信息搜集所获得的信息非常感兴趣。因为这些信息可以对消费者的判断和决策制定产生重要的影响。在搜集外部信息时，消费者通常会获得关于品牌、价格及其他属性的信息。

1. 品牌

品牌是最频繁获得的信息种类。它是记忆中其他信息组织的核心节点。因此，当知道了品牌的名称之后，消费者可以立即激活与其相关的其他信息点。

2. 价格

价格通常也是消费者关注的重点，因为它具有诊断性，并且可以推断出产品的质量和价值等其他属性。研究发现，当某个产品类别的质量和价格没有直接关系时，运用在线质量智能搜索可以搜索到购买商品的消费者实际上对价格会更加敏感。[①]当然，价格搜索可能没想象中那么重要，即使价格变化程度增加并且成本上升，它的重要性也不会增加，价格的重要性也取决于文化。[②]

3. 其他属性

搜索完品牌和价格之后，消费者还会搜索额外的信息，这取决于这类产品或服务的哪些属性显著并具有诊断性。消费者更容易接触与他们目标有关的信息，例如，如果选择一次度假的主要目的是获得最大程度的刺激，消费者会搜索某个目的地可参与的活动、夜生活和访问者等信息。

（二）搜集过程

外部信息搜集按照一些有序的步骤进行，从而为消费者的决策提供有价值的见解。这些步骤包括：向导（或对产品陈列的概述），评估（或关键属性的对比选择），确认（或确认选择）。研究人员还特别考察了评价过程中信息获得的顺序，因为他们认为，在决策过程中，早期获得的信息比后期获得的信息更加重要。

消费者在搜索过程的不同阶段会接触到不同的来源，并使用不同的决策准则。在早期，大众传播媒介和营销相关的来源更有影响力，而在实际决策中，人际来源将会成为关键因素。在搜索的早期，消费者更有可能接触到显著的、可诊断的、与目标相关的信息。然而，如果他们能够回忆起这些信息，他们将不再需要从外部搜索这些信息，因此消费者将首先搜索会引起更大程度不确定或不利的属性信息。

在搜索的早期，消费者使用更为简单的筛选标准。然而，在之后的搜索

---

① MONROE K B. The influence of price differences and brand familiarity on brand preferences[J]. Journal of consumer research, 1976, 3(1): 42–49.

② DIEHL K, KORNISH L J, LYNCH J G. Smart agents: when lower search costs for quality information increase price sensitivity[J]. Journal of consumer research, 2003, 30(1): 56–71.

中，他们却运用了更为详尽的决策规则。在搜索的早期，品牌排名的高低对于消费者在后期选择它的可能性也许没有什么影响，因为消费者往往首先会搜索更具高感知力的品牌。对于营销人员来说，促进消费者对品牌的积极态度十分重要。先接触某一产品或服务类别的消费者，会从低风险知名品牌的信息开始搜索，转而搜索不知名的品牌，然后巩固信息，形成对效用最大化品牌的偏好。

（三）影响因素

消费者有时会进行较多的外部信息搜集，有时则只做有限的信息搜集。那么，是哪些因素影响着消费者搜集外部信息的程度呢？一般情况下，可以从经济层面和决策层面两个角度来分析。

1. 经济层面

从经济层面分析，影响信息搜集的成本有两个：一是消费者居住地与出售某种产品的商店之间的距离；二是交通费用与时间的机会成本。影响信息搜寻收益的因素主要有各种备选品牌的数量、品牌在价格和品质方面存在的差异程度、消费者对所购产品的了解与经验。显然，如果同一品类的品牌很多，各品牌之间彼此差异化程度比较高，消费者对此品类又不太了解，进一步搜集信息所带来的收益就比较大；反之，则收益较小。

2. 决策层面

从决策的角度看，有三类因素影响消费者信息搜集活动。第一是与产品风险相关的因素，第二是与消费者特征相关的因素，第三是情境因素。

（1）与产品风险相关的因素。与产品购买相关的风险有财务风险、功能风险、时间风险、心理风险、社会风险等。一旦消费者认为产品或服务购买所涉及的风险很大，其将花更多的时间、精力搜集信息，因为更多的信息有助于降低决策风险。

（2）与消费者特征相关的因素。消费者的个性、性别、年龄、收入、知识水平等同样影响外部信息的搜集活动。研究发现，具有外向性格、心胸开阔、自信心强的人一般与大量的信息搜集活动相关联。[1]也有研究发现，对某一产品领域缺乏消费经验的消费者更倾向于大量收集信息。[2]当消费者对所涉

---

[1] SUN L, ZHANG Z, LING G. The effect of self-confidence group therapy on the self-esteem of patients with anxiety disorders[J]. China journal of health psychology, 2013(12): 1845–1846.

[2] DAVIS D D, REILLY R J. Do too many cooks always spoil the stew? An experimental analysis of rent-seeking and the role of a strategic buyer[J]. Public choice, 1998, 95 (1/2): 89.

及的产品越来越有经验时，它的信息搜集活动将减少。事实上，消费经验与外部信息搜集活动之间这种此消彼长的关系，只适用于已经具有某种最小经验水平的消费者。如果消费者根本没有关于某类产品消费的知识或经验，其可能会由此而不敢大胆地从各方面搜集信息，从而很少从事信息搜寻活动。

（3）情境因素。影响信息搜集活动的情境因素有很多。第一是时间因素，可用于购买活动的时间越充分，搜集活动可能越多。第二是消费者在从事购买活动前所处的生理、心理等方面的状态。当消费者疲惫不堪或身体不适时，会影响消费者搜集外部信息的能力。第三是消费者面临的购买任务及其性质。如果购买活动非常重要，比如为一位朋友选购生日礼品或婚礼礼品，那么购买将会十分审慎，并伴有较多的外部信息搜集活动。第四是市场的性质。研究人员发现，伴随着备选品数量的增加，消费者会从事更多的搜寻活动。同样，如果出售同类物品的店铺较多，而且彼此靠近，消费者会更多地进行信息搜集。

【思考题】

1. 请分析扩展型决策、有限型决策和名义型决策区别何在。
2. 习惯型决策和忠诚型决策两者有何区别？如何区分？
3. 请举例说明主动型问题认知和被动型问题认知。
4. 请举例说明一般性问题认知和选择性问题认知。

第三章　评价方案与购买决策

【本章目标】

1. 了解消费者行为模式、评价标准和评价方法。

2. 掌握影响消费者购买决策的因素，理解购买决策的类型，理解并掌握购买决策的风险类型及减少风险的方法。

3. 理解品牌和店铺的选择顺序及相应的营销策略，理解并掌握消费者对店铺选择的标准，理解并掌握影响消费者对品牌选择的因素。

第一节　评价方案

一、购买行为模式

研究消费者购买行为模式，对于更好地满足消费者需求、提高企业市场营销的效果具有重要的意义，国内外许多学者、专家对消费者购买行为模式进行了大量的研究，并提出了一些典型模式。

（一）消费者购买行为的一般模式

人类行为的一般模式是"S-O-R"模式，即"刺激—个体生理、心理—反应"模式。该模式表明消费者的购买行为是由刺激所引起的。这种刺激来源于消费者身体内部的生理、心理因素以及外部的环境，消费者在各种因素的刺激下产生动机，在动机的驱使下做出购买商品的决策，实施购买行为。购买后，消费者还会对购买的商品及其相关渠道和厂家做出评价，这样就完成了一次完整的购买行为过程（见图3-1）。

消费者的行为由一系列的心理活动和实际活动组成，其最终购买行为由一定的心理动机引发。然而，来源于各个方面的因素会刺激消费者，使其心理发

```
┌─────────────────┐      ┌─────────────────┐      ┌─────────────┐
│  内外部因素的刺激  │ ───▶ │ 消费者的心理活动过程 │ ───▶ │   购买行为   │
└─────────────────┘      └─────────────────┘      └─────────────┘
```

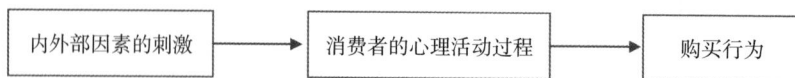

图3-1　消费者购买行为的一般模式

生变化,产生购买动机,并最终做出购买决策。

(二)科特勒的行为选择模式

菲利普·科特勒提出一个强调社会两方面的消费行为的简单模式。该模式说明,消费者购买行为的反应不仅受到企业营销的刺激,还受到外部的影响,而不同特征的消费者会产生不同的心理活动过程,通过消费者的决策过程做出一定的购买决定,最终形成消费者对产品、品牌、经销商、购买时机、购买数量的选择(见图3-2)。

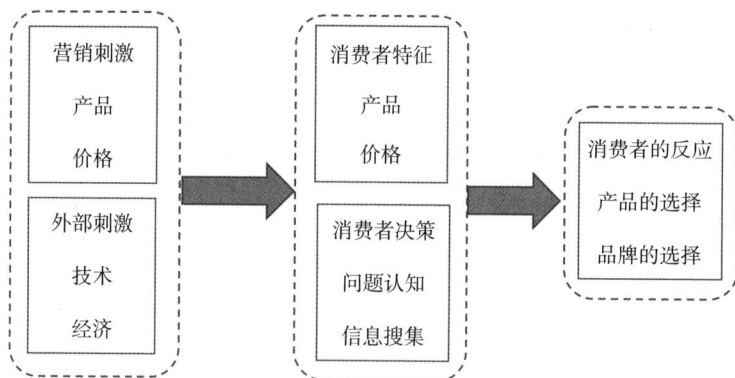

```
┌─────────┐      ┌─────────┐      
│  营销刺激 │      │ 消费者特征 │      ┌─────────┐
│   产品   │      │   产品   │      │ 消费者的反应 │
│   价格   │ ──▶ │   价格   │ ──▶ │ 产品的选择 │
├─────────┤      ├─────────┤      │ 品牌的选择 │
│  外部刺激 │      │ 消费者决策 │      └─────────┘
│   技术   │      │  问题认知 │
│   经济   │      │  信息搜集 │
└─────────┘      └─────────┘
```

图3-2　科特勒的行为选择模式

在该模式下,不同特征的消费者会产生不同的心理活动过程,通过其决策过程做出一定的购买决定,最终形成了消费者对产品、品牌、经销商、购买时机、购买数量的选择。营销人员如果能比较清楚地了解各类购买者对不同形式的产品、服务、价格、促销方式的真实反应,就能够适当地影响、刺激或诱发消费者的购买行为,且数据的应用可以贯穿营销价值链的广告、公关、官网、电商、CRM(客户关系管理)各个环节,覆盖用户能力会更加全面和强大。

如图3-3所示,不同特征的消费者对于同一条不太合身的衣服,反应模式是不同的。例如,清仓型顾客会认为:这条裤子腰围有点大,不过没关系,可以系一条腰带;强迫症型的顾客认为:这条裤子很适合我,但我不喜欢右边的后兜里用的线的颜色;环保主义的顾客会认为:这条裤子是由100%循环利用的箱子做的,所以我很喜欢。

图3-3 不同特征消费者对同一件产品的反应模式差异

（三）尼科西亚模式

尼科西亚于1966年在《消费者决策程序》一书中首次提出这一决策模式（见图3-4）。该模式由四大部分组成。第一部分，从信息源到消费者态度，包括企业和消费者两方面的态度；将有关产品的信息，通过广告等媒介传导至消费者，经过消费者的内化后形成态度。第二部分，消费者对商品进行调查和评价，并且形成购买动机的输出；消费者态度形成后，对厂商的产品产生兴趣，通过信息搜集作出评估准则，因而产生购买动机。第三部分，消费者采取有效的决策行为，消费者将动机转变为实际的购买行动，这一过程受品牌的可用性、经销商等因素的影响。第四部分，消费者购买行动的结果被大脑记忆、

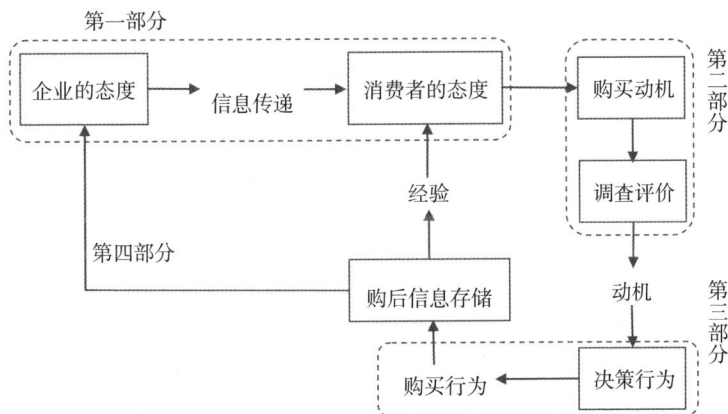

图3-4 尼科西亚模式

贮存起来，供消费者以后的购买参考或反馈给企业；购买产品以后，经过使用过程对所购买的产品产生实际的经验，由购后使用的满意程度影响再购行为，同时厂商也由消费者的购买意向与使用的满意程度获得信息的反馈，以作为品质改进、定价、广告以及其他营销策略的参考依据。

（四）恩格尔模式

恩格尔模式（见图3-5）又被称为EKB模式，是由恩格尔、科特拉和克莱布威尔于1968年提出的。其重点是从购买行为过程去分析消费者的行为，整个过程分为4个部分：中枢控制系统，即消费者的心理活动过程；信息处理程序；决策过程；环境因素。该模式认为，外界信息在有形和无形因素的作用下，输入中枢控制系统，即对大脑引起、发现、注意、理解、记忆与大脑存储的个人经验、评价标准、态度、个性等进行过滤加工，构成了信息处理程序，并在内心进行研究评估选择，对外部探索即选择评估，产生了决策方案。在整个决策研究、评估、选择过程中，同样要受到环境因素（如收入、文化、家庭、社会阶层等）的影响。

（五）霍德华—谢思模式

霍华德—谢思模式（见图3-6）由霍华德和谢思于20世纪60年代末在《购买行为理论》一书中提出。该模式从四大因素的角度去考虑消费者购买行为，即刺激或投入因素（输入变量），外在因素，内在心理活动（内在过程），反应或产出因素。

该模式认为，刺激或投入因素和外在因素是购买的刺激物，它通过唤起和形成动机提供各种选择方案信息，影响消费者的心理活动。消费者受刺激物和以往购买经验的影响，开始接受信息并产生各种动机，对可选择产品产生一系列反应，形成购买行为的中介因素，如选择评价标准、意向等。在动机购买方案和中介因素的相互作用下，便产生某种倾向或态度，这种倾向或态度又与其他因素（如购买行为的限制因素）结合，产生购买结果。购买结果形成的感受、信息也会反馈给消费者，影响消费者的心理和下一次购买行为。

二、评价标准

评价标准是消费者在选择备选品时所考虑的产品属性或特征，这些属性或特征与消费者在购买中所追求的利益、所付出的代价直接相关。评价标准与获

信息处理程序　　　　　中枢控制系统　　　　　环境因素

刺激因素　→　发现　　　信息和经验　　　　　收入
商品　　　　　　　　　　　　　　　　　文化
　　　　　　　注意　　　评价标准　　个
　　　　　　　理解　　　　　　　　性
　　　　　　　记忆　　　态度

　　　　　　　　　　　　认知问题

信息反馈　　　　　　　　内心研究及　决
　　　　　　　　　　　对选择进行　策
　　　　　　　　　　　评估　　　　过
外部调查　　　　　　　　　　　　　程
　　　　　　　　　　　外部探索及
　　　　　　　　　　　选择评价

　　　　　　　　　　　　购买过程

　　　　　　　　　　　　结果

满意

　　　　购买后评价　　　　未来行为

不满意

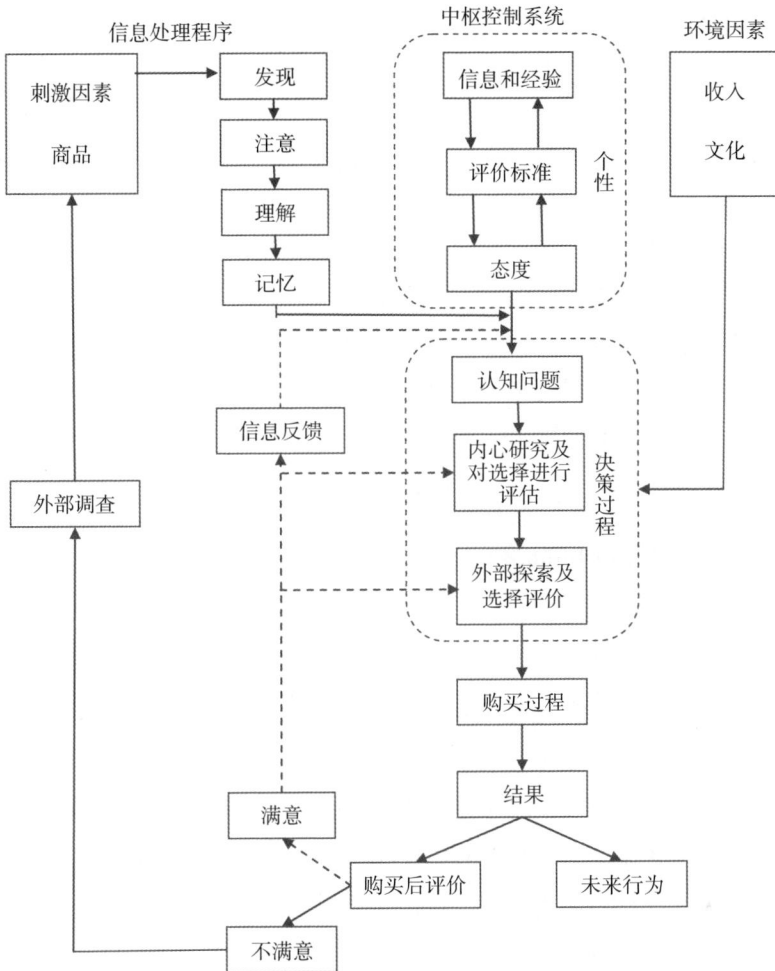

图3-5　恩格尔模式

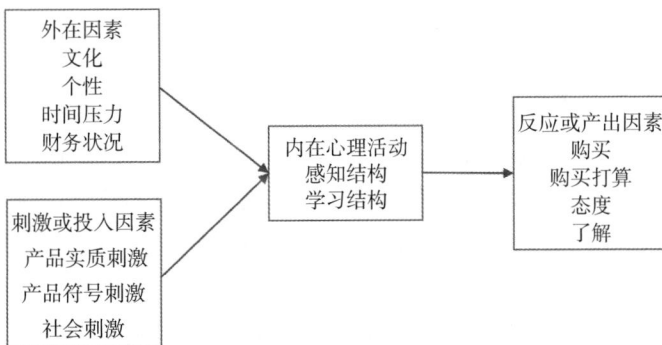

外在因素
文化
个性
时间压力　　　内在心理活动　　反应或产出因素
财务状况　　　感知结构　　　　购买
　　　　　　　学习结构　　　　购买打算
刺激或投入因素　　　　　　　　态度
产品实质刺激　　　　　　　　　了解
产品符号刺激
社会刺激

图3-6　霍华德—谢思模式

取的利益是不同的。在另外的情况下，两者可能重叠，比如，价格作为一种评价标准与付出是完全等同的。

评价标准会因人、因产品、因情境而异。在购买计算机时，有些人非常关心产品的价格、性能、外观、售后保障，这些因素也成为他们选择计算机的评价标准。同样是购买计算机，另外一些人可能会采取完全不同的评价标准。对于那些价格相对较低的产品，如牙膏、香皂、纸巾等，评价的标准数目可能会很少。但是消费者对于汽车、旅行、房子等产品，涉及的评价标准会很多。购买情境也会影响评价标准的数量和各种评价标准的相对重要性，比如当消费者在平时购买食物时，可能会考虑很多评价标准，并且会将价格视为最重要的评价标准。但是，当在时间紧迫的情况下，消费者可能会减少评价标准的使用，将服务的速度和便利性放在更重要的位置。

（一）消费者评价标准的建立

从营销者的角度，首先要确定在某一具体产品购买上，消费者采用哪些评价标准。为此营销人员可以运用直接法或间接法予以了解。这两种方法都是直接询问消费者在某一特定购买行为中使用了哪些方面的信息，在比较各备选品时考虑了哪些因素。

直接法中的问卷调研，即通过对消费者的访问来得到一些他们在行为过程中的期望。然而这种方法对问卷的设计以及访问者有着较高的要求，因为直接询问的方式通常会影响被访者的回答，而他们给出的答案要么是他已经见到、听过的，要么是一些较为理想化的期望，很难真正实现。

直接法最大的问题是假定消费者知道为什么购买，或者为什么喜欢某一品牌；同时也假定消费者愿意提供营销者所需要的信息。但是，实际上消费者可能不愿也无力准确地回答企业所提出的问题。另外，消费者也可能会忘记在最近的购买中所运用的最重要的标准。因此，在运用此方法时，为了获得有效信息，研究人员务必小心谨慎。

消费者无力或不愿直接表明其使用的评价标准时，企业需要用间接法。间接法包括投射技术和知觉图，前者要求受访者判断或指出他人在购买某种产品时所采用的评价标准，他人的想法很可能就反映了受访者本人的心境，由此可以间接确定该受访者所运用的标准。投射技术在判断和发现情感标准时尤为有用。

知觉图也是一种间接法。其一般要求消费者两两比较各备选品的相似性，然后将判断结果输入计算机，由计算机绘制出一张反映各备选品相似程度的知觉图。知觉图的横、纵轴被假定为消费者判断相似性时所采用的评价标准，由于营销人员必须凭直觉或通过进一步的研究来推断这些标准，并将其标到知觉图的各个轴上，因此这一过程难免带有主观性。如图3-7所示。

图3-7中的坐标轴代表消费者评价品牌的特征因子。因子的两端分别代表在这一特征上的高低程度差异。图上各点对应市场上的主要品牌，它在图中的位置代表消费者对其在各关键特征因子上的表现的评价。

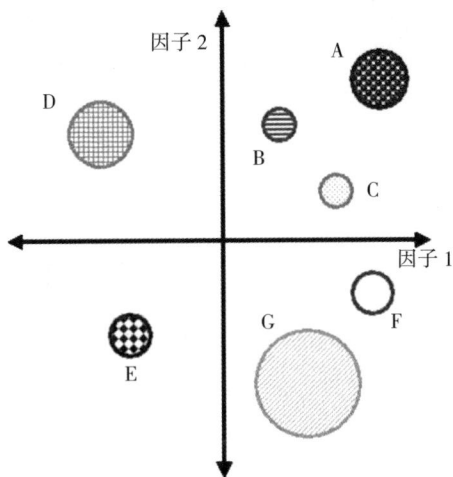

图3-7　知觉图

（二）消费者评价标准的排序

一旦了解了消费者所采用的评价标准，接下来要确定的是各种评价标准的相对重要性，即排序。对于某一具体的购买（如购买手机），不同消费者赋予同一产品属性的权重是不同的，例如，有的消费者看重质量，有的消费者看重价格，有的消费者则看重售后服务。表3-1绘制了某位消费者对手机的主要评价标准及其权重值。

表3-1　某消费者对手机的主要评价标准及其权重值

评价标准	权重值
价格	20
像素	25
运行速度	25
外观	20
售后服务	10

从表3-1中可以看出，这位消费者更加看重手机的像素和运行速度，而对售后服务不太重视。一般情况下，采用恒和度量法来确定消费者对各个属性的权重值。该方法要求消费者根据每一产品属性的相对重要性进行赋值，各属性的权重值总和为100。但是，这种方法也存在局限性，比如，消费者在选择乘坐哪一家航空公司的飞机时，安全性无疑是最为重要的，但是如果消费者认为各家航空公司在安全性上都有较强保证，此时决定其选择行为的可能并非安全因素，而是其他的因素。因此，在直接询问消费者时，最好分两步：第一步，先询问消费者在购买决策时考虑哪些重要因素；第二步，询问他们不同品牌之间在哪些因素上差别不大，哪些因素上存在显著差异。

三、评价方法

当消费者建立起对某种产品的评价标准时，其需要对众多品牌的不同产品进行比较。对于同一决策，不同的消费者可能会做出完全不同的评价，其原因在于消费者的评价方法存在差异。但是，无论评价的具体内容有何不同，实际上都可归为同一标准，即付出的成本与所收获的效用进行比较，所获得的效用要大于付出的成本。为此，消费者在选择评价决策方案时，会遵循以下规则。

（一）连接式规则

连接式规则是指消费者对各种产品属性应达到的最低水平做出了规定，只有所有属性均达到了规定的最低要求，该产品才会被作为选择对象。即使产品在某些属性上的评价值很高，只要某一项属性不符合最低要求，该产品仍将被排除在选择范围之外。

假设某位消费者对手机的评价标准、权重值和可接受水平如表3-2所示，那么根据表3-3中消费者对不同品牌手机的评价，可以得出，品牌1在价格、

表3-2　消费者对手机的评价标准、权重值和可接受水平

评价标准	权重值	可接受水平
价格	25	3
性能	22	3
重量	35	5
服务	18	4

表3-3 消费者对某些品牌手机的评价

评价标准	消费者知觉				
	品牌1	品牌2	品牌3	品牌4	品牌5
价格	4	3	5	4	5
性能	5	4	3	2	3
重量	4	5	3	3	3
服务	5	4	5	4	3

性能和服务方面均能达到消费者的要求，品牌2在价格、性能、重量、服务4个方面均能达到消费者的要求，品牌3在价格、性能和服务方面均能达到消费者的需求，品牌4在价格和服务方面能够达到消费者的要求，品牌5在价格、性能、重量方面能够达到消费者的要求。因此，根据连接式规则，消费者的最佳选择是品牌2。

（二）重点选择规则

重点选择规则又被称为分离式规则，在这种选择规则下，消费者为那些最重要的属性规定最低的绩效值。这一标准通常定得较高，只有在一个或几个重要属性上达到规定的标准，该品牌才会被选择作为对象。

根据重点选择规则，消费者认为关键的指标有价格、性能、服务，且这三个关键指标的值均为4（见表3-4）。根据这一评价标准，可以发现，品牌1在价格、性能和服务方面均满足消费者的要求，品牌2在价格方面无法满足消费者的要求，品牌3和4在性能方面无法满足消费者的要求，品牌5在性能和服务方面无法满足消费者的要求。根据重点选择规则，消费者的最佳选择是品牌1。

表3-4 消费者对某些品牌手机的评价标准和关键标准评价

评价标准	关键标准
价格	4
性能	4
重量	不关键
服务	4

（三）按序排除规则

消费者先将各种产品属性按重要程度排序，并为每一属性规定一个删除点或删除值，然后在最重要的属性上，检查各品牌是否能够通过删除点，不能通过则被排除。如果有一个以上的品牌通过第一道删除关口，则再考虑第二重要属性检查哪些品牌在这一属性上能够通过删除点。如此继续下去，直至剩下最后一个品牌为止。

由表3-5可知，消费者对手机最看重的是价格，其次是性能，再次是重量，最次是服务。删除点分别为3、4、5、3。根据这一规则，我们发现，5个品牌的手机在价格方面均能满足消费者的需要；在性能方面，满足消费者需要的是品牌1和品牌2；在重量方面，仅有品牌2能够满足消费者的需要。因此，在这一选择规则下，品牌2是消费者的最佳选择。

表3-5　消费者对某些品牌手机的评价标准和关键标准评价

评价标准	排序	删除点
价格	1	3
性能	2	4
重量	3	5
服务	4	3

（四）编纂式规则

这一规则类似于编纂词典时所采用的词条排序法，即消费者先将产品的各种属性按重要程度排序，然后在最重要的属性上对各品牌进行比较，在该属性上得分最高的品牌将成为备选品牌。如果得分最高的品牌不止一个，则在第二重要的属性上进行比较。若在该属性上仍分不出高低，则比较第三重要的属性。如此继续下去，直至找到最后剩下的那个品牌。

编纂式规则与按序排除规则比较相似，差别只是编纂式规则在每一步都寻求最佳表现的品牌，而按序排除规则只是寻求表现满意的品牌。应当指出，如果目标消费者是以编纂式规则进行选择，企业必须保证其产品或服务在最重要的属性上等同或超越竞争对手，否则，即使在次要属性上表现再好也无济于事。

（五）补偿式选择规则

补偿式选择规则也被称为期望值选择规则。此时，消费者将按各属性的重要程度赋予每个属性以相应的权数，同时结合每个品牌在每个属性上的评价值，得出各个品牌的综合得分，得分最高者就是被选择的品牌。假设购买中被考虑的评价标准或属性有n个。B_{in}就是品牌B第i个属性上的绩效值或评价值，W_i为消费者赋予第i个属性的重要性权重。那么，品牌B的综合得分可以表示为

$$R_b=W_1B_{1b}+W_2B_{2b}+\cdots+W_nB_{nb}$$

在前面的例子中，如果消费者对各属性的重要性评价如表3-2所示，消费者对某些品牌手机的评价值如表3-3所示，根据补偿式选择规则，品牌1的综合得分为430分，在所有品牌中最高，因此品牌1是最佳选择。

第二节　购买决策

实际购买涉及很多的行动和决策，比如店铺的选择、购买时机的选择、品牌的选择、货款的支付等。本节将对影响购买决策的因素、购买决策的类型，以及在购买决策过程中存在的风险等相关内容进行分析。

一、购买决策的影响因素

消费者经过产品评估后会形成购买意向，但是这种购买意向不一定会形成最终的实际购买，从购买意向的产生到实际购买还有许多因素的介入。比如，对于复杂购买或扩展型决策的购买，消费者将会按照决策程序来搜集信息，并对备选品进行评价、"比较"，在此基础上形成对某一品牌的购买意向。但是在形成购买意向之后，消费者并不一定立刻采取购买行动，其可能还会做一些购买前的准备工作，比如，决定到线上还是线下购买，如果是线下购买，那么选择到哪个商店进行购买。总而言之，从产生购买意向到最终实施购买行动之间会有一个时间差。一般来说，在这段时间差中会有三类因素影响消费者的最终购买（见图3-8）。

第一个因素是他人的态度。他人的态度影响消费者购买行为的程度取决于

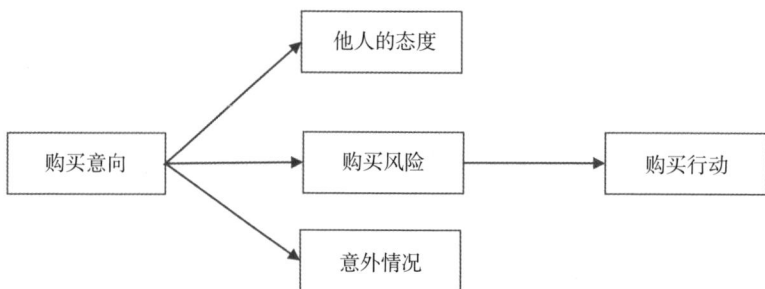

图3-8　从购买意向到购买行动

三个方面的因素。一是他人对备选品牌所持否定态度的激烈程度。如果他人的否定态度非常强烈，那么消费者在进行购买决策的时候会更加慎重。二是他人与购买者关系的密切程度。如果他人与购买者的关系非常密切，那么他人对某一品牌持有的积极态度将会促使购买者加速购买；而他人对某一品牌持有消极态度，则会减缓消费者的购买行为，甚至购买者会取消购买决策。三是他人在本产品购买问题上的权威性。如果他人在某一领域具有较强的权威性，那么购买者在进行决策时会很大程度上参考他人的意见。

　　第二类因素是购买风险。一般而言，购买风险越高，消费者对采取最后购买行动的顾虑就会越多，购买的行为也会更加谨慎，这样就更容易受到他人的态度和外界因素的干扰。

　　第三类因素是意外情况或意外事件的出现。具体而言，又可以分为两个方面：一方面是与消费者及其家庭有关的因素，比如说消费者家庭收入的变化、当月额外开支的增加、工作的变动、身体上的不适等；另一方面是产品或与市场营销相关的因素，如新产品的推出、产品的打折降价、促销活动的出现、商品的脱销等。

二、购买决策的类型

（一）冲动购买

　　冲动购买也被称为无计划购买，它通常是指消费者在进入商店之前并没有购买计划或意图，而进入商店以后，基于突然或一时的念头，马上实施的购买行动。严格来讲，冲动购买与无计划购买不完全相同。冲动购买是基于对某种产品的意识、情感所进行的，购买含有情感多于理智的购买意愿。无计划购买包含的范围更加广泛，它不仅包含了冲动购买，也包含很多纯理性的购买行为。

1. 冲动购买的特征

一般而言，冲动购买具有4个特征，分别是冲动性、强制性、情绪性、对后果的不在意性。

（1）冲动性。它是指消费者突然涌现出一种强烈的购买欲望，而且马上付诸行动，这种行动和常规的购买行为有所不同。

（2）强制性。即有一种强大的促动力，促使消费者马上采取行动，在某种程度上，消费者一时失去对自己的控制。

（3）情绪性。突然的购买促动力常常伴随着激动或者暴风骤雨般的情绪波动。

（4）对后果的不在意性。促动购买的力量是如此强烈和不可抵挡，以致对购买行动的潜在不利后果很少考虑或根本不考虑。

2. 冲动购买的类型

（1）纯冲动型。顾客事先完全无购买愿望，没有经过正常的消费决策过程，临时决定购买。购买时完全背离对商品和商标的正常选择，是一种突发性的行为，出于心理反应或情感冲动而"一时兴起"或"心血来潮"，或是"图新奇""求变化"。

（2）刺激冲动型。顾客在购物现场见到某种产品或某些广告宣传、营业推广、提示或激起顾客尚未满足的消费需求，从而引起消费欲望，而决定购买，是购物现场刺激的结果。

（3）计划冲动型。顾客具有某种购买需求，但没有确定购买地点和时间。如得知某超市要让利销售，专门到该超市购物，但没有具体的购物清单，因而买"便宜货"是有计划的，买何种"便宜货"则是冲动的。

3. 冲动购买的影响因素

（1）商品因素。商品是满足顾客需要的基础，是影响购买动机最主要的因素。冲动购买行为多针对顾客卷入购买程度较低、价值低、需频繁购买的便利品。

（2）顾客特征。从顾客的气质分析，冲动型气质的人，心境变化剧烈，对新产品有浓厚兴趣，较多考虑商品外观和个人兴趣，易受广告宣传的影响。而想象型气质的人，活泼好动，注意力易转移，兴趣易变，审美意识强，易受商品外观和包装的影响。从顾客的心理特征看，生活必需品最有可能成为冲动购买品。

（3）经济因素。近年来，我国城市居民的收入有了很大的提高，消费者非计划购买率的增加与收入水平的提高有着直接的关系。这主要是因为，随着人们富裕程度的提高，对食品、日用品等生活必需品的购买风险意识降低。

（4）环境因素。当前，超市广泛地采用了自选售货方式，在自由挑选商品的环境下，商家通过通道设计、陈列设计、灯光色彩设计、广告设计等营销手段，吸引顾客，延长顾客在店内的逗留时间，最大限度地诱发顾客的冲动购买欲望。

（5）促销因素。现场的促销形式是影响顾客冲动购买行为的直接诱因，现场营业推广活动和POP广告，有助于激发顾客相应的心理反应，促使其冲动购买。

（二）习惯性购买

对于价格低廉的经常购买的商品，消费者的购买行为是最为简单的。这类商品中各品牌之间的差异非常小，消费者对此也十分熟悉，不需要花时间进行选择，一般随买随取即可，例如买油、盐、纸巾、洗发水、牙膏等商品，就是这种简单的购买行为。消费者不需要搜集大量的内外部信息、评价产品的特点、在不同的品牌之间进行比较，就可以以非常快的速度完成购买决定，这种行为称为习惯性购买。

1. 价格优势

由于产品本身和其他品牌相比，很难找出独特的优点以吸引消费者，那么企业营销人员就只能依靠合理的价格、有力的促销、赠送样品、有奖销售等手段吸引消费者试用。一旦消费者了解和熟悉了某些产品，就可能经常购买，甚至产生购买习惯。

2. 重复性广告

在低参与和品牌差异较小的情况下，消费者并不会主动搜集产品品牌的信息，也不会评估某些品牌。他们只是被动地接受包括广告在内的各种途径的传播信息，根据这些信息所造成的对不同品牌的熟悉程度来进行选择。消费者选购某些品牌也不一定是被广告所打动或者对该品牌有忠诚度，只是熟悉而已。购买之后，甚至也不会去评估它，因为消费者并不在意。具体购买过程包括：由被动的学习形成品牌的信念，然后采取购买行为，接着可能有也可能没有评估过程。因此，企业必须通过大量的广告使消费者被动地接受广告信息，而产生对这一品牌的熟悉感。

3. 品牌差异

在习惯性购买行为中，消费者只会购买自己熟悉的品牌，而较少考虑转换品牌，如果竞争者通过技术改进产品，将低参与度的产品转化为高参与度的产品，并扩大同类产品之间的差距，将促使消费者改变原先的习惯性购买方式，寻求新的品牌。提高参与程度的主要途径是在不同的产品中增加较为重要的功能和用途，并在价格和档次上与同类产品拉开差距。

（三）多样化购买

多样化购买的早期研究来自Leuba和Hebb（1955）在心理学领域的研究。他们的理论认为，消费者多样化行为的产生是由于对刺激的内部需要。根据这一理论，消费者可能产生厌倦并通过探索或者追求新产品的行为，试图增加更多的刺激输入。在Jaehwan等人（2002）的研究中也可以看到，由于存在刺激的需求，任何变量都不能完全替代其他变量，所以消费者可能追求自己所期望和需要的刺激，并通过多样化的消费行为来寻求这种刺激。满足消费者多样化购买行为，体现的就是消费者放弃忠诚度和习惯性购买，较为频繁地更换品牌，发生品牌转换行为。[①]

对于寻求多样化的购买行为，市场领导者和挑战者的营销策略是不同的。对于领导者而言，他们力图通过占有货架、避免脱销和提醒购买的广告来鼓励消费者形成习惯性购买。而挑战者则以较低的价格、折扣赠券、免费赠送样品和强调适用的新品牌的广告来鼓励消费者改变原有的习惯性购买行为。

（四）复杂购买

如果消费者具有高参与度，并且了解现有各品牌产品之间具有的显著差异，则会产生复杂的购买行为。

复杂购买是指消费者需要经历大量的信息搜集、全面的产品评估、慎重的购买决策和认真的购后评价等各个阶段，比如家用电脑价格昂贵，不同品牌之间差异较大，消费者如果想购买家用电脑，但又不懂硬盘、内存、分辨率、软件等为何物，对于不同品牌之间的性能、质量、价格等无法判断，贸然购买会有极大的风险，因此就要广泛搜集资料，逐步建立起对此产品的信念，然后转变成态度，最后才会做出谨慎的购买决定。

对于复杂的购买行为，营销人员应当制定策略，帮助消费者掌握产品知识，运用报纸、杂志、广播、电视、网络等媒体和销售人员宣传本品牌的优点，发动营销人员、推销人员和消费者的亲友影响其最终购买，简化购买过程。

---

① 童芳, 周庭锐. 消费者多样化购买行为影响因素的研究[J]. 商场现代化, 2006 (34): 243–244.

三、购买决策的风险

消费者在决定购买某一产品时，会面临一些矛盾和问题，即他们所购买的某一商品给其带来满足和愉悦的同时，也会带来一些他们所不愿意、不希望接受的损失或潜在的危害，甚至带来一些现实的危险。消费者在购买商品之前，对商品可能为自身带来的损失和危害甚至是危险的清楚意识就是消费者的知觉风险。当消费者意识到，消费某种商品会给其带来损失危险甚至是危险的风险时，就会尽量减少或避免购买这些商品。当消费者对风险的认识达到一定程度时，就可能改变其原有的购买意图，重新做出购买决策。

（一）知觉风险

消费者的知觉风险可以被分为功能风险、物质风险、经济风险、社会风险、心理风险。

1. 功能风险

功能风险是指产品不具备人们所期望的性能或产品性能比竞争品差所带来的风险，比如汽车的油耗量比企业承诺的高、电池的寿命比企业承诺的短均属于功能风险。

2. 物质风险

物质风险是指产品可能对自己或他人的健康与安全产生危害的风险，比如，食品的健康安全标准是否达到国家要求的标准。

3. 经济风险

经济风险是因产品定价过高或产品有质量问题而招致经济损失的风险。消费者花费了较多的资金，是否能够买到高质量的产品和享受到优质的服务？如果消费者怀疑花这么多钱所购买的商品、享受的服务不值得，就属于经济风险。

4. 社会风险

社会风险是指因购买决策失误而受到他人嘲笑、疏远而产生的风险，例如新发型可能会受到他人的嘲笑、与众不同的服装也许不被家人接受。

5. 心理风险

心理风险是因决策失误而使消费者自我情感受到伤害的风险。对所购买的产品是否适合自己、是否能够体现自身形象等一类问题的担心，属于心理风险。

（二）知觉风险产生的原因

知觉风险是消费者对其购买活动的结果存在不确定感，因此凡是导致这种不确定感的因素，都是知觉风险产生的原因。

1. 新产品

消费者购买的是新产品或对所需购买的产品以前没有体验过。在大多数人看来，新产品或没有体验过的产品存在更大的不确定性，这种感觉既和经验、常识有关，又与人们更习惯于现有状态和现有事物的心态有关。

2. 过往经历

以往在同类产品的购买与消费中有过不满意的经历，也就是"一朝被蛇咬，十年怕井绳"。一旦消费者在以前的购买中有过不愉快的体验，就会心有余悸，从而对当前的购买产生不确定感。

3. 机会成本

任何购买或选择都是以放弃另外一些购买或选择为代价的，也就是说都存在机会成本。比如，消费者选择了格力空调，就放弃了三菱空调、大金空调、海尔空调等众多品牌。

4. 信息缺乏

在购买决策过程中，如果对被选择的产品具有充分的可靠的信息，那么不确定感就会很小，甚至不存在不确定感，决策也就很容易做出。相反，如果信息不全或者认为手头信息不可靠，则不确定感会骤然升高。

5. 产品的技术复杂程度

一般来说，对于技术复杂程度高的产品，人们往往难以比较不同备选品牌之间的差异，这势必增加选择后果的不确定性。

（三）减少知觉风险的方法

消费者在购买活动前知觉到这些风险后，必然会想尽一切办法减少或避免这些风险，因此会改变原先的购买意图，重新做出购买决策。那么，消费者如何才能减少购买活动中的风险呢？一般认为，减少知觉风险的方法有以下几种。

1. 全面搜集商品的相关信息

当对选择后果存在不确定感和缺乏信息时，很多消费者会主动从外部获取信息，因为更多的或例外的信息意味着选择后果的可预见性和确定性的增强。消费者获取信息的渠道有很多，但购买知觉风险越高，消费者越有可能依赖于个人信息来源和口头传播所获取的信息。

2. 保持品牌忠诚

在存在购买风险的情况下，从外部搜集信息无疑有助于降低风险。但信息的搜集是需要成本的。这些成本包括时间成本，也包括金钱和精力的投入。如果消费者对现有品牌比较满意，那么其可以通过重复选择该品牌，即形成品牌忠诚来避免由于选择新品牌而可能带来的不确定感。

3. 根据品牌或商店形象

著名品牌或有影响的商店不仅购买者众多，而且其本身就构成了指示线索，有助于降低消费者的风险感。

4. 购买高价产品

价格常被消费者作为产品质量的指示器，不少消费者基于便宜无好货的想法，通过价格对产品的质量做出推断。虽然这种推断并不一定总是正确的，但很多消费者仍有意无意地在价格和质量之间建立起这种关联。

5. 寻求商家保证

如果企业或卖方通过包修、包换、包退、包赔等方式为产品或服务提供保证，那么消费者的风险就部分或完全地转移了。

6. 从众购买

根据大多数人的选择来做出购买决定是很多消费者减少知觉风险的常用办法。在消费者看来，很多人采用同一产品或做出类似的购买决定，一定有其合理的基础，即使这种决策不是最好的，但也不至于是最糟的。

第三节　品牌和店铺的选择

在日常的购买活动中，对品牌和店铺的选择是消费者购买决策的重要内容，因此通过对消费者品牌和店铺选择的分析可以更好地了解消费者的购买行为规律。本节将针对消费者选择店铺和品牌的顺序、影响消费者对店铺选择的因素、影响消费者对品牌选择的因素进行阐述。

一、店铺和品牌的选择顺序

对消费品营销者来说，店铺选择同样重要。消费者在做出购买决定时，一般有三种选择顺序：①先品牌后店铺；②先店铺后品牌；③同时选择品牌和店铺。

先品牌后店铺这种形式的购买最常见。以购买计算机为例，首先，消费者会阅读一些计算机方面的资料，并向经验丰富的人请教。在这些信息的基础上，消费者会做出品牌的选择，然后以最低的价格（或最佳的地点、形象、服务等）作为标准，选择一家商店进行购买。

对于许多顾客和商品来说，商店（而非品牌）形成了消费者的激活域。在上述例子中，消费者可能对某一商店如"校园计算机店"比较熟悉，知道那里出售个人计算机，于是决定到这个商店去看看，然后从店里现有的品牌中选择中意的产品。

还有一种策略是消费者在感兴趣的商店里对感兴趣的品牌做出比较选择。这种决策涉及对商店和产品同时进行评价。因此，消费者可能会选择在一家店员友善、服务一流的商店中购买只是较为喜欢的品牌，或者，会选择在服务设施较差、缺乏人情味的商店里购买最喜爱的产品。

对于品牌优先的消费者，企业需要建立品牌形象、推出具有个性的广告及构建较狭窄的分销渠道。对于店铺优先的消费者，就要求零售商和制造商注重店内广告、通过重点或关键性渠道分销、布置好货架空间以及加强人员服务等。

二、消费者对店铺的选择

（一）店铺的类型

商店是消费者购买商品和服务的主要场所，虽然现代商品销售形式日趋多元化，直邮、邮购、电话订购、网上购物等无店铺销售方式迅速兴起，但店铺经营由于具有现场选择、综合服务功能齐全、能满足消费者多方面需要等优势，在各种销售方式中仍占据重要的地位，至今仍是消费者购物的主要渠道。因此，购物环境对消费者心理和行为的影响主要体现在商店环境的影响上。

现代零售企业类型众多，按经营商品的种类可以分为综合商店、专卖店；按经营方式可以分为百货商场、超级市场、连锁商店、货仓式销售、便利商店；按经营商品及购物环境的档次，可分为现代化的综合商场、高档精品店、中低档大众商店等。现代消费者的需要复杂多样，对商店类型的要求和选择也呈现出不同的心理趋向。

1. 百货商场

百货商场一般选址于繁华的商业中心，商店规模大，经营面积大多在5000平方米以上，采取柜台销售与自选销售相结合的方式。百货商场经营门类广泛，品种齐全，商场设施一流，服务周到，拥有良好的信誉，具有较强的综合功能，可以满足消费者的求全心理、选择心理、安全心理及享受心理等多方面的心理需要，同时适应各种职业收入、社会阶层消费者的心理特征，因而对大多数消费者具有较大的吸引力，是消费者集中选购多种商品、了解市场信息、享受购物乐趣的主要场所。

2. 专卖店

专卖店是指以专门经营某一品牌或某一大类商品为主，配有丰富专业知识的销售人员和适当的销售服务，满足消费者对某大类商品选择需求的零售业态。专卖店因其专业化程度高而见长，能更好地满足消费者对某种特定商品的深层需要，因而在选购单一商品，如汽车、电器、钟表、体育用品等时，经常可以成为消费者首选的商店类型。

3. 超级市场

超级市场是采取自选的销售方式，以销售食品、生鲜食品、副食品和生活用品为主，满足消费者每日生活需求的零售业态，其主要特点是：

（1）购物便利。超级市场经营商品的种类齐全，以食品和日用消费品为主，消费者经常购买，方便了消费者的日常购物。另外，其选择的便利性大大节省了消费者的购物时间，适应了现代社会快节奏的生活方式。

（2）环境舒适。超级市场采用开架式销售，消费者自己挑选商品的经营形式，为消费者提供更为自由宽松的购物环境，减轻了柜台式销售的购物压力，使购物成为一种享受。

（3）为消费者提供自我满足感。超级市场采取消费者自选商品的方式，使消费者更多地参与购买过程，为其提供较多体现自身能力的机会，满足消费者在购买过程中的参与感以及发挥主动性、创造性的心理需要。

4. 连锁商店

连锁商店是零售企业扩张的一种重要形式，其因具有统一经营方式、统一品种、统一价格、统一服务、统一标志、分布广泛、接近消费者等特点而在众多商店类型中独具特色，受到消费者的青睐。在连锁商店购物可以使消费者消除风险防御心理，减少比较、选择的时间，缩短购买过程，尤其是一些连锁快餐店、便利店，如麦当劳、肯德基、永和大王等，以其方便、快捷、舒适、便于识别等优势充分适应了现代消费者求快、求变的心理需要。

5. 货仓式销售

货仓式销售是指将零售批发和仓储各个环节合而为一的经营方式。货仓式销售的特点是批量销售，价格低廉，一反传统销售方式采用小批量的形式，如成盒、成打地出售商品，因而可以最大限度地节约仓储、包装、运输等流通费用，进而大幅度降低商品的零售价格。所以，尽管这类商场环境设计简单、服务设施较少，但因价格低廉的突出优势迎合了消费者求廉、求实的心理需要，因此对大多数消费者具有强大的吸引力。

（二）影响店铺选择的店堂因素

1.商店位置与规模

商店位置对消费者在多长时间里光顾某一商店具有重要的影响。一般来说，消费者的居住地离商店越近，其光顾该商店的可能性越大，反之则越小。同样，商店的规模也影响消费者是否到该商店购物。除非对快速服务和方便特别在意，在其他条件相同的情况下，消费者通常更愿意到规模更大一点的商店购物。

对于方便品和小商品，由于消费者不愿跑很长的路程，因此选择距离自己较近的、规模较小的店铺的概率比较高；相反，对于购买介入程度很高的一些商品，如汽车、婚纱等，消费者在购买时通常愿意多跑一点儿路程或多花一点儿时间。

2.商店的形象

商店的形象是指消费者基于对商店的各种属性的认知所形成的关于该商店的总体印象，这种印象的获得不仅来自消费者对商店的功能性特征，如价格、方便性、产品选择范围等，也来自他们对非功能性特征的选择，如建筑物、店内装修、气味、广告等感觉和体验。表3-6列出了构成商店形象的9个层面及每个层面所包含的具体内容。

表3-6 商店形象的构成层面及具体内容

构成层面	每一层面的构成内容
商品	品质、选择范围、式样、价格
服务	分期付款计划、销售人员、退货、信用、送货
主顾	顾客类型
硬件设施	洁净、商店布局、购物便利、吸引力
方便性	店铺位置、停车条件
促销	广告
店堂气氛	温馨、有趣、兴奋、舒适
机构	声誉
购后感受	满意

　　构成商店形象的组成成分多且复杂，消费者对每一组成成分的感知不是完全由被感知对象的实际情况所决定的，所以不管商店自身是否有意识地塑造其形象，消费者都会逐步形成关于该商店的总体印象。

　　对零售商来说，重要的是衡量消费者对其店铺的感知或总体印象。如果消费者运用的店铺选择标准能够被识别，零售商就能够据此确定消费者在哪些重要的标准上是如何评价该商店的。这样，强化或改变商店形象的策略就会进入考虑视野。

　　测量店铺形象的方法有很多，比较普遍的是采用语义差别量表的方法。此类量表由一系列两极性形容词词对组成，并被划分为7个等值的评定等级（有时也可以划分为5个或9个），主要含有3个基本维度，即"评价的"（如好的与坏的、美的与丑的、干净的与肮脏的）、"能量的"（如大的与小的、强的与弱的、重的与轻的）、"活动的"（如快的与慢的、积极的与消极的、主动的与被动的）。它们具有显示任何概念的语义空间的特质。研究者可以据此来描述任何概念及其相关问题性质或属性方面的根本意义。

　　该方法的第一步是识别决定商店形象的重要属性，包括无形的和有形的属性。第二步是发展一个两端由反义词组成的5级或7级量表，用以测量每一店铺属性在消费者心目中的表现水平。第三步是邀请有关的消费者，运用前述量表确定某一商店及其竞争商店在每一属性上的表现。根据平均表现状况，可以将每一商店的形象轮廓用图样方式描绘出来。图3-9即运用了语义差别量表来测定两家竞争商店的形象。

　　从图3-9可以看出，消费者对两家咖啡厅Tims和Costa从价格、降价激励、

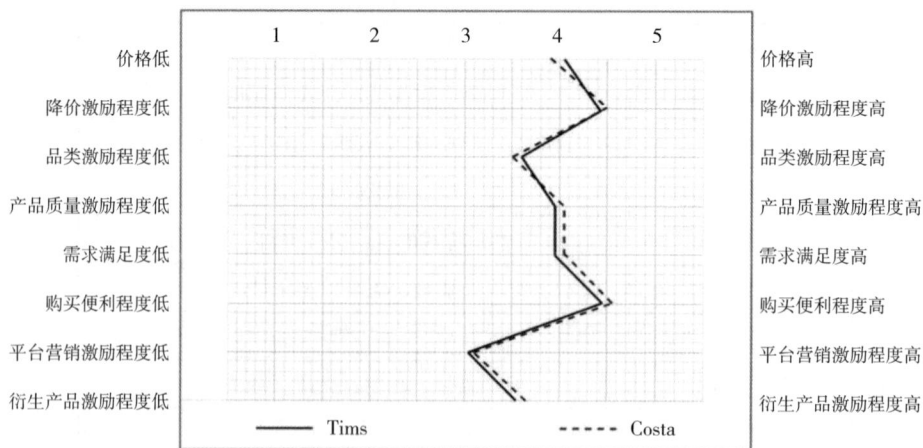

图3-9　Tims咖啡和Costa咖啡语义差别量表

品类激励、产品质量、需求满足、购买便利、平台营销激励、衍生产品激励等方面进行评价。这两家咖啡品牌在形象方面具有较高的相似度。但是，在购买便利程度方面，Costa略高于Tims。

商店形象测量并非只是为企业提供一些正面或负面的信息，例如，某个商店在一个方面可能被视为进步的，而在另一个方面可能被视为保守的。作为商店的特性，进步或保守到底是好是坏，还要依情况而定。因为有些消费者喜欢新潮的、现代的形象，而另一些消费者则倾向于形象保守一点的商店。研究发现，不同商店确实拥有不同的形象，某一商店的形象对特定社会阶层或处于家庭生命周期某一阶段的消费者可能具有吸引力，但对居于其他社会阶层或处于家庭生命周期另外阶段的消费者则可能缺乏吸引力。由此表明，针对特定社会群体的零售店较那些试图吸引所有消费者群体的商店，更容易获得成功。

3. 广告

很多零售商运用广告向消费者传递其店铺的特征，特别是促销方面的信息，其目的是吸引顾客进店购买。一项研究显示，零售广告的影响随产品的类别而异，例如，由于受机油广告吸引而进店的消费者中，88%的人购买了广告中的机油产品；而在由服装广告吸引的进店消费者中，这一比例只有16%。整体而言，在由于受零售商广告吸引而进入商店的消费者中，约有50%的人会购买广告中的产品。

虽然大部分零售广告强调价格，尤其是促销优惠价格，但调查一再表明，价格通常并非消费者决定进入某个商店的主要原因，这意味着零售店可以通过提供更好的服务、更多的选择和强调情感上的利益来招揽顾客，而不一定一味地从价格方面寻求对顾客的吸引。

当决定用价格广告，或者以价格为诉求的广告来招揽顾客时，零售商面临三个方面的抉择：第一，采用多大的价格折扣；第二，是否使用参照价进行价格比较；第三，伴随价格信息应采用什么样的陈述语。

消费者一般倾向于假定广告中宣传的价格代表优惠价或促销价。在广告中展示价格，可以极大地提高消费者对价格节省的感知，然而感知的节省程度却随参照价或比较价的呈现方式不同而不同。参照价是与现行销售价作比较的一种价格，声称"平时卖150元，现在仅售100元"，其中，150元即为参照价。参照价有内部参照价与外部参照价之分，内部参照价是消费者记忆中的某种价格或价格范围，其以此价格与产品的现行市场价作比较；外部参照价是企业提供并希望消费者以此与现行市场价作比较的价格。

多数消费者会或多或少地受外部参照价的影响，但不一定完全相信这类价格。之所以如此，一个重要原因是现实中不少零售商，人为地夸大了参照价，如果市场上很少或从来没有企业以此种参照价出售该商品，或者在这一价格下很难卖出该商品，那么此时的缺价或降价只是对过去不适当定价的一种矫正，并没有给消费者带来真正的实惠和利益。由于广告和价格对消费者的购买具有十分重要的影响，很多国家都制定了相关法律或法规，对各类夸大或不实的价格予以限制。

（三）影响店铺选择的店内因素

很多消费者都有这样的体验，进入一家商店，本想购买某种商品或某个品牌的商品，但出来时购买的却是另一种或另一个品牌的商品，而且可能附带买了很多其他的商品。这是因为，很多店内因素诱发消费者做进一步的信息处理，从而影响其最终的购买决策。下面主要讨论购物点陈列、削价与促销、店堂布置与气氛、商品脱销和销售人员这5个影响购买行为的店内因素。

1. 购物点陈列

采用不同于平时的放置方式陈列商品，如将商品置于商店的橱窗或入口，辅之以特别推荐，对消费者的品牌选择行为将产生重要影响。一项对超市购物者的调查表明，38%的人至少买了一件他们从未买过的产品，而购买者提及最多的原因是产品陈列的特殊。购物点陈列在促进产品销售上是十分有效的。事实上，购物点陈列如果辅之以降价或者价格优惠，效果会更好。

对于零售商而言，一个重要的问题是购物点陈列是否会大幅度减少货架上其他同类商品的销量？研究发现，这种现象确实存在。但陈列期间，陈列品和其他处于正常货架位置商品的销量通常会比较高。不仅如此，研究还表明，当陈列的商品被放回到陈列前的货架位置时，其销售水平也会很快恢复到正常水平。这意味着，消费者并非单纯地因商品陈列而将陈列品囤积起来，而是实际消费更多。

2. 削价与促销

削价和其他促销手段如优惠券、赠品、综合折扣等，通常与某些购买点宣传资料搭配使用。虽然这些手段的相对影响力不易分清，但日益增多的证据表明，店内削价对品牌选择有很重要的影响。根据调查，在降价初期，产品销量会大幅上升，随着时间的推移和降价活动的结束，销量会回落到正常水平。削价从4个方面促进产品销量的增长。

第一，现有用户提前购买未来所需要的产品。将产品放置在家增加了可获性，从而可能导致消费的增加。第二，竞争品牌的使用者可能会转向降价品牌。第三，从来没有使用这类产品的消费者可能会购买降价品牌。第四，不经常在此商店消费的消费者，也许会由于价格吸引，而光顾该商店或购买该品牌。[①]

3. 店堂布置与气氛

商店内商品如何摆放对产品和品牌具有重要的影响，一种商品越容易被看到，它被购买的可能性就越大。最好的货架位置是与视线平行的位置，接下来依次是与腰部平行的位置和与膝盖平行的位置，后两个位置的销售量只及前者的74%和57%。[②]由于不可能把所有商品均置于与视线平行的位置，因此如何采用其他途径吸引顾客的视线，成为企业十分关心的一个问题。一种方法是扩大商品的陈列空间。在一般超市里，陈列的商品在2万种以上，没有足够的陈列空间，单个品牌很容易被淹没在难以区分的商品海洋里。对于新产品来说，足够的陈列空间尤为重要。

店堂布置与店内环境和气氛是紧密联系在一起的。宽敞的过道、错落有致的商品陈列会给人心旷神怡的感觉。反之，则会给人杂乱感和压抑感，从而产生尽快离开的想法和念头。商店的氛围或气氛受到很多因素的影响，除了前面所讲的商店布局、商店陈列，灯光、音乐、地板、电梯、气味、销售人员的着装与举止、其他顾客的数量与行为特征等均会对其产生影响。

4. 商品脱销

商品脱销是指商店在某段时间内存货不足导致某种产品暂时缺货，在缺货的情况下，顾客面临的是转换商店、转换品牌或推迟甚至干脆放弃购买等众多选择。脱销还会影响消费者对脱销产品的态度和口传行为。如果消费者选择另一品牌，该品牌在未来被再次选择的可能性增大，因此脱销不仅使脱销品牌丧失了现在的销量，还可能丧失未来的销量。基于这种后果，无论是制造商还是零售商，均应格外重视分销和存货管理，尽量避免缺货。

5. 销售人员

对于介入程度较低的购买，消费者在实际购买时一般较少求助于销售人员，此时消费者和销售人员之间的互动比较弱。然而，随着购买介入程度的提

---

① MORIATIRY M M. Retailing promotional effects on intra- and interbrand sales performance[J]. Journal of retailing, 1985, 61(3): 27–47.

② CURHAN R C. Shelf space allocation and profit maximization in mass retailing[J]. Journal of marketing, 1973, 37(3): 54.

高，两者相互发挥影响的可能性随之增大。

传统上，对销售人员的研究侧重于识别哪些因素能促使销售成功，销售人员培训、销售人员的特征、销售人员所需要的知识和技能成为研究的焦点。这类研究有一个基本的假设：销售人员面对的潜在顾客基本上是相似的。然而，越来越多的研究人员意识到，销售是一个互动的过程，仅仅研究以上这些内容是不够的。为了使店内推广更加有效，首先应了解目标顾客的需求与行为特征，然后寻找和招募与之匹配的销售人员，而不是采用相反的程序。

三、消费者对品牌的选择

消费者的购买选择除了体现在对店铺的选择上以外，还体现在对品牌的选择上。

（一）商品本身的因素

商品本身的因素主要涉及商品本身的重要性以及商品的使用场合等方面。一般来说，由于消费者在购买高档商品时有较高的期望值，同时由于价格比较高，存在较大的购买风险，因而消费者在选择时会更加谨慎；而且一般高档商品的显露性比较高，人们会侧重于购买品牌。另外，商品的使用场合也会影响消费者的品牌选择。一般在私下场合使用的消费品由于显露性比较低，人们更看重的是商品是否实惠，而非品牌的心理价值。

（二）消费者的因素

个人的经济状况、个性、文化层次、职业、性别和年龄等也会影响消费者的品牌选择。一般来说，高收入的消费者品牌心理较强，而低收入消费者则往往会拒绝品牌。消费者的个性在很大程度上会影响他们对商品品牌的选择和偏爱，尤其是在化妆品、服装和烟酒等商品的购买方面。

（三）参考群体的因素

不同群体的消费者常常对某种商品品牌产生认同心理，把它看成该群体的象征，积极评价并重复购买所属群体认同的品牌。

【思考题】

1. 冲动性购买与无计划购买有何区别？

2.影响消费者购买决策的因素有哪些？请举例说明。

3.请阐述知觉风险的类型及内容，并一一举例说明。

4.当消费者先选择店铺后选择品牌时，企业应该如何影响消费者的决策？

5.影响消费者店铺选择的店内因素有哪些？

第四章　购后行为

【本章目标】

1. 了解消费者购买后行为的心理体验、评价和购买冲突的相关概念和理论。

2. 了解产品使用与闲置的原因及处置方式。

3. 掌握消费者行为学满意的形成过程、影响因素和品牌忠诚的形成过程。

4. 掌握消费者不满的表达方式、影响因素和处理方式。

5. 培养分析具体市场中的消费者行为并解释消费背后原因的能力。

第一节　购后行为概述

一、购买后的心理体验

消费者从购物场所购买商品后，回家开始使用和消费该商品，在这一过程中会产生购买后的心理体验，并对商品做出评价。消费者从产品和服务的消费中得到利益上的满足，才算真正达到了购买产品的目的。而消费者是否真正达到了目的，可以从他们购物后的心理体验和评价中反映出来。

（一）消费者的预期与实际消费体验中的对比

如果购买后的实际消费符合其预期效果，消费者会感到满意；超过预期效果，消费者会感到非常满意；而未达到预期效果，消费者则会感到不满意。实际和预期效果差距越大，不满意的程度就越高。

（二）商品满足消费者实际需要的程度

商品的特性与消费者需要之间的距离越近或高于消费者的需要，消费者则会产生满意的体验，主要表现为对商品质量、性能、形象的肯定，对价格的认同以及对商品的生产和经销企业的信赖等，形成对商品和服务的深刻印象和美好回忆，产生一种惠顾心理。如果商品的特性不能满足消费者的实际需要，消费者购物后就会产生不满意的体验，表现为对商品形象的否定、对商品生产和经销单位的不信任与怀疑，在商品价格与质量方面产生不平衡的心理，觉得吃亏上当甚至产生被骗的感觉。为了使消费者在购买后产生良好的心理体验，企业在宣传自己的产品时，要做到实事求是，商品的宣传与商品的客观特性保持一致，不要夸大其词。虚假宣传会提高消费者对商品的预期，也会激发消费者强烈的购买欲望，但如果实际产品的质量、性能达不到消费者所预期的程度，最终只能引起消费者的不满。一些精明的企业在宣传自己的商品时，对自己的产品性能故意地保留余地，以增加消费者购买后的满意感。

二、购买后的评价

消费者在使用和消费商品产生不同心理体验的同时，还会对商品做出以下评价。

（一）对商品质量和性能的评价

消费者根据自己的知识经验、对商品的印象和主观标准来评价商品的质量，这往往是把商品的包装性能、使用效果、价格等综合起来所进行的商品质量评价。

（二）对商品形象的评价

商品形象是指包括商品的包装、性能、效用等在内的质量、价格和服务等的综合印象。消费者使用和消费某一商品后，便会把商品和名称记在自己的大脑中，形成记忆和印象。消费者的这种记忆和印象便构成了该商品名称和知名度的一部分，是影响下次再次选购该商品的心理基础。

（三）对生产和经营单位的评价

如果消费者在购物场所能买到称心如意的商品，受到营业人员热情周到的服务和售后服务，能进行愉快的购物，他们一般都会做出满意的评价。此外，消费者所购买的商品与商品的宣传差别越小，或实际购买的商品远远优于宣传效果，消费者越容易对生产和经营单位做出良好评价。

消费者使用和消费某一商品后，常常会用自己的标准对商品做出相应的评价，而对商品的评价如何，不仅影响消费者下次的购买行为，消费者还有可能把评价传播给其他人，影响他人的消费行为。

三、购买后冲突

消费者因某个购买而引起的心理焦虑、怀疑和不安，这种过后不和谐被称为购买后冲突。人们经常会有这样的体验，在做出某个重要的购买决定后，还会特别在意别人如何看待其购买决定，怀疑自己的购买决定是否明智。从心理学角度看，这种购买后冲突是由认知失调所引起的。认知失调是指一个人的行为与自己先前一贯的对自我的认知（通常是正面的、积极的自我认知）产生分歧，从一个认知推断出另一个对立的认知时而产生的不舒适感、不愉快的情绪。①认知失调理论是认知一致性理论的一种，它最早由利昂·费斯廷格（Leon Festinger）于1957年提出来。在费斯廷格看来，所谓认知失调是指由于做出一项与态度不一致的行为而引发的不舒服的感觉，比如本来想帮助朋友，实际上却帮了倒忙。费斯廷格认为，在一般情况下，人们的态度与行为是一致的。但有时候，态度与行为也会出现不一致，在态度与行为产生不一致的时候，常常会引起个体的心理紧张。为了克服这种由认知失调引起的紧张，人们需要采取多种多样的方法，以减少自己的认知失调。

选择某一品牌或某一产品，是以放弃别的选择为代价的。当消费者体验到冲突时，会试图降低这种冲突，主要方法包括：第一，增加对所选产品的欲求感；第二，减少对未选择产品的欲求感；第三，降低购买决策的重要性；第四，通过退货改变购买决定。此外，消费者也可以通过搜集更多的外部信息来证实某个选择的明智性。

有很多因素影响购后认知冲突的强度。第一，消费者对两个或多个备选品的偏爱程度相当。如果一个产品明显优于其他备选产品，则消费者不会存在认知冲突。第二，两个备选品虽然在整体评价上不相上下，但在不同的属性上各有千秋。如其中一个产品在功能上优于另一个产品，但后者在消费者看重的售后服务属性上表现更好。如果两个产品在各方面的表现都差不多，则消费者不会产生认知失调。第三，消费者自由选择。在没有选择余地的情

---

① 利昂·费斯廷格. 认知失调理论[M]. 杭州: 浙江教育出版社, 1999.

况下做出的购买决定，消费者不会有认知冲突。第四，购买对消费者很重要，或消费者介入程度很高时，购后冲突越有可能产生。第五，决定越不容易改变，消费者购后冲突的可能性越大。第六，个人体验焦虑的程度也会影响购后冲突的强度。有的消费者更容易产生焦虑感，从而更有可能产生购后冲突。

第二节　产品的使用与闲置

一、产品的安装与使用

很多产品（尤其是耐用型的消费品）需要安装与调试，才能使之处于可使用的状态。比如空调、油烟机、热水器等，均需要进行某种程度的安装调试工作。即使是那些对安装有较少要求的产品（如家具），对消费者来说，拼装或组装仍然是一项令人生畏的工作。消费者在使用前的准备阶段所获得的体验，对决定其满意程度有非常重要的影响，因此提供必要的安装服务，对消费者满意程度的提高大有裨益。

在产品的使用过程中，消费者还可能会采用创新型的方式来使用产品或将产品使用到事先未确定的场合。这会带来两个方面的后果，积极的方面是这将扩大产品的使用范围，从而增加产品的销量。消极的层面是产品的某些超范围使用可能会给消费者带来伤害。所以企业在设计产品时，不仅要确保正常条件下的使用安全，还应合理预计消费者可能将产品做何种使用，对那些有可能导致身体伤害的使用应做出警告。如果企业发现消费者对正确使用其产品存在困惑，则应通过重新设计使产品更易使用或对消费者进行教育，使其掌握正确的使用方法。

一些企业已开始对消费者的产品和使用行为进行分析。包括如下几个方面：一是使用频率。一般而言，企业希望消费者尽可能频繁地使用其产品。二是使用量或消费量，即每次的消费数量，如有的消费者将牙膏挤满牙刷，另一些消费者挤出的牙膏只及牙刷长度的二分之一或三分之一。三是使用的时间间隔，即两次使用之间的时间长短，企业在广告中宣称"冬天应喝热果珍""橘子汁不仅是早餐饮料"等，均是试图缩短使用时间间隔的举措。

二、相关配套产品的购买

在购买汽车后，消费者就会购买车膜、脚垫等配件；买了计算机后，就会买鼠标垫、计算机桌、键盘、软件等配套产品。事实上，很多零售商试图主要从配套产品的销售中获利。生产打印机的企业以较低的价格出售打印机，目的是吸引顾客购买与此相关的墨盒或硒鼓。很多产品同时伴有其他产品的使用，才会更加方便、更加安全、更富有乐趣。而且这些产品的购买一般遵循一定的规律和顺序。为获得连带销售或联合销售的好处，越来越多的企业都在关注如何使其业务日益多样化。

三、产品的闲置

产品的闲置或不使用，是指消费者将产品搁置起来不用，或者相对于产品的潜在用途，仅作非常有限的使用。在我国一些家庭，家里存储的名酒，尤其是洋酒多是作为摆设，并没有被正常地消费掉。

产品闲置的最主要原因是很多产品的购买决策和使用决策不是同时做出的，两者之间存在时间延迟。在此时间段内，一些因素会促使消费者推迟消费，甚至决定将产品闲置不用。消费者购买了运动器材，但总腾不出时间来使用；购买了跑鞋，但找不到穿出去的机会。由于做购买决策与做使用决策的时间、情境都明显不同，购买时所设想的某种使用情境可能迟迟没有出现，由此导致产品的闲置。产品闲置的另外一个原因可能是，企业或营销者并没有为产品的使用和消费创造令人满意的条件与环境。

闲置的产品还会引发另外一个问题——产品的处置。消费者经常在一件旧产品还能使用的时候，就购买了新产品，这是物质主义社会的主要标志之一。替换一个产品的主要原因，包括想要有新特色的产品、个人环境的变化、个人角色或自我意象发生了变化。处置问题由于与公共政策关系密切，因此特别重要。有时，对产品的不当处置不仅造成了环境问题，也带来了大量的浪费。例如，H&M赞助一项衣物回收计划（见图4-1），消费者可以拿着任何品牌、任何状态的旧衣服，到H&M门店。消费者每捐出一袋衣物，H&M奖励消费者八五折购买一件新衣。

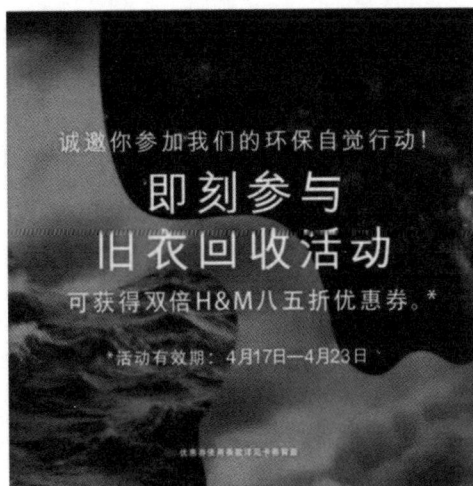

图4-1 H&M的旧衣回收宣传海报

第三节 消费者的满意

一、消费者购买后态度的形成过程

消费者在获取和使用产品后会产生一种对产品或品牌满意或不满意的情感，消费者满意是消费者在特定购买情境中对其所付出的是否得到足够回报的认知状态。[①]

图4-2描述了消费者购买后态度的形成过程。基于对某一特定品牌以及对该产品领域其他品牌的使用与体验，消费者发展起两种不同类型的信念：一是关于产品绩效的期待或预期，二是关于该产品实际绩效的认知或评价。如果前者低于后者，消费者会感到不满；如果前者高于后者，消费者会觉得满意；如果两者趋于一致，即感知的绩效水平刚好满足了消费者的期望，消费者可能既不感到十分满意，也不感到十分不满意。

期望的绩效水平与感知绩效是消费者满意与否的主要决定因素，因此企业应对产品与服务的绩效予以了解。对于很多产品，绩效包括两个层面：工具性

---

① HOWARD J A, SHETH J N. A theory of buyer behavior[J]. Rivista internazionale di scienze economiche e commerciali, 1968, 15: 588–614.

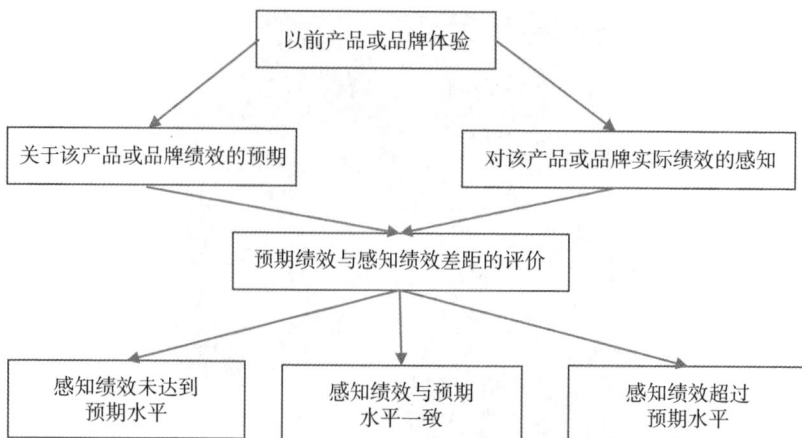

图4-2 消费者购买后态度的形成过程

绩效和象征性绩效。工具性绩效与产品物理特征的正常发挥有关，象征性绩效与审美和形象强化有关。运动衣的耐用性属于工具性绩效，而运动衣的款式和颜色则是象征性绩效。对于产品来说，是工具性绩效重要，还是象征性绩效重要呢？这一问题的答案因产品类别和消费者群体的不同而异。

二、影响消费者满意的因素

消费者的满意对于商业成功至关重要，因为满意的消费者愿意出更高的价格，特别是当他们进行重复购买时，他们也可能成为该商品的忠实顾客，始终保持品牌忠诚。同时，他们还会向其他人讲述自己的购买经历，因而提高了其他消费者购买该产品的概率。吸引新的顾客，比向现有的顾客营销花费更大，这表明留住那些满意的顾客，在节约成本方面更有效率。当某类产品对消费者来说很重要时，满意的消费者将会更频繁地购买，特别是当购买起来很方便的时候。同时，当消费者购买某类产品时，他们会在那些让他们感到满意的品牌上花更多的钱。例如，据迪士尼官方估计，主题公园的一名忠实顾客的长期价值达到了5万美元之多，因此有些研究将消费者的满意与公司的盈利联系在了一起。①

消费者满意是指消费者通过对一个产品的可感知的效果或结果与预期的期望值相比较后，所形成的愉悦或失望的感受状态。具体而言，消费者在购买后

---

① 霍伊尔，麦金尼斯. 消费者行为学[M]. 崔楠，徐岚，译. 5版. 北京: 北京大学出版社，2011.

是否满意取决于产品或服务对消费者的满足程度与其期望值之间的关系，因此满意水平可以看作可感知效果和期望值之间的差异函数。

在成本、收入等条件的限制下，消费者是价值最大化者，他们在购买商品时已经形成了心理价值上的期望，并据此判断其行为是否应该发生，进而影响其满意程度及今后重复购买的概率。消费者是否满意取决于顾客总体价值和顾客总成本两大要素，其基本公式如下：

$$顾客让渡价值=顾客总价值-顾客总成本$$

顾客总价值是指消费者购买某一产品所期望获得的利益；而顾客总成本是指消费者为购买某一产品所付出的代价；顾客让渡价值就是顾客总价值和顾客总成本之间的差额，它的影响因素包含多个方面（见图4-3）。

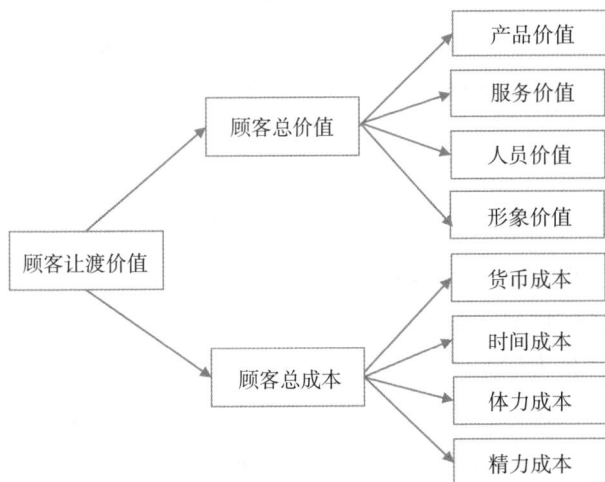

图4-3　顾客让渡价值

（一）提高顾客购买的总价值

1. 产品价值

产品价值是指由产品的质量、功能、规格、样式等要素所产生的价值。产品价值是消费者需求的核心内容之一，产品价值的高低是消费者选择商品或服务所考虑的首要因素。如何才能提高产品的价值呢？企业在生产和创新中需要注意两点：一是产品价值的实现与产品整体概念密不可分；二是产品创新的目的是更好地满足市场需求，进而使企业获得更多利润。

2. 服务价值

从竞争的形式来看，服务可分为追加服务与核心服务两大类。所谓追加服务，是伴随产品实体的购买而发生的，企业向消费者提供各种附加服务（包括产品介绍、送货、安装、调试、维修、产品保证等）所产生的价值。核心服务是指消费者所要购买的对象、服务本身为购买者提供了其所追求的效用。核心服务把服务的内在价值作为主要展示对象。

3. 人员价值

价值是指企业员工的经营思想、知识水平、业务能力、工作效率与质量经营作风以及应变能力等所产生的价值，只有企业所有部门和员工协调一致，设计和实施卓越的竞争性价值让渡系统，营销部门才会变得卓有成效。企业的全体员工是否就经营理念、质量意识、行为取向等方面形成共同的信念和准则，是否具有良好的文化素质、市场及专业知识，以及能否在共同的价值观念基础上树立崇高的目标，决定着企业能否为消费者提供优质的产品与服务，进而决定着消费者购买总价值的大小。由此可见，人员价值对企业顾客的影响作用是巨大的，因此，应高度重视企业人员综合素质与能力的培养，进而为企业提供更好的服务。

4. 形象价值

形象价值是指企业及其产品在社会公众中形成的总体形象所产生的价值，是企业宝贵的无形资产。它既包括企业的产品、技术、质量、品牌等所构成的有形形象所产生的价值，也包括企业及其员工的职业道德行为、经营行为、服务态度、作风等行为形象所产生的价值，还包括企业的价值观念、管理哲学等理念形象所产生的价值。所以，形象价值是企业知名度的竞争，是产品附加值的组成部分，是服务的竞争。说到底，是企业含金量和形象力的竞争，它使企业营销从感性走向理性。

（二）减少顾客购买的总成本

1. 时间成本

时间成本是消费者为得到所期望的商品或服务而必须处于等待状态的时间代价，它是消费者满意和价值的减函数。在顾客价值和其他成本一定的情况下，时间成本越低，顾客购买的总成本越小，顾客让渡价值就越大；反之，让渡价值就越小。

2. 精力成本

精力成本是指消费者购买商品时在精力方面的耗费与支出。在顾客总价值与其他成本一定的情况下，精力成本越小，消费者为购买商品所支出的总成本越低，让渡价值就越大。

3.利用顾客链创造顾客让渡价值

若想让顾客高度满意，就必须要求企业创造更多的顾客让渡价值。为此，企业有必要系统协调其创造价值的各分工部门，以及由供应商、分销商和最终消费者组成的价值链的工作，达到消费者和企业利益最大化。

三、品牌忠诚

（一）品牌忠诚的定义

所谓品牌忠诚，是消费者对某一品牌形成偏好，试图重复选择该品牌的倾向。品牌忠诚是一种非随意性的购买行为反应，偶然性的连续选择某一品牌，不能视为品牌忠诚。消费者在长时间内对某一品牌表现出强烈的偏好，并将这种偏好转化为购买行动或购买努力，单纯口头上的偏好表示不能作为确定品牌忠诚的依据。品牌忠诚是某个决策单位（如家庭或个人）的行为。品牌忠诚可能只涉及消费者选择域中的一个品牌，也可能涉及一个以上的品牌。当然，在同一产品领域，消费者选择的品牌越多，其品牌忠诚度越低。品牌忠诚是决策评价等心理活动的结果。

（二）品牌忠诚的测量

1.比较法

比较法即根据某一消费者对某类产品购买的历史资料，比较A品牌与该消费者选择的其他品牌B、C、D等的购买联系，确定该消费者的品牌忠诚度。如果消费者自始至终选择A品牌或偶然地选择其他品牌，则说明消费者对A具有很高的品牌忠诚度，品牌选择图中如果显示AABBB这样的图形，则说明消费者发生了品牌忠诚的转移，即由A转向了B。如果显示的是AABAA这样的图形，则说明消费者对A还是显示出了极高的品牌忠诚，偶尔选择B可能是由于B品牌是一种新产品或是在价格优惠的吸引下做了一次选择B的尝试。如果消费者的品牌选择毫无规律可循，则说明该消费者没有固定的品牌偏好，属于品牌变换型消费者。

2.频率测定法

这种方法是根据消费者对某类商品购买的品牌选择的历史资料，记下某段时间内消费者购买商品的总次数T和选择特定产品的发生频率S，然后以S和T的比值来表示消费者对这一品牌的忠诚度。S/T的值越大，则表示消费者对该品牌的忠诚度越高，反之则越低。

3. 货币测量法

通过销售试验，观察消费者对某特定品牌所愿意支付的额外费用来确定品牌忠诚度。额外费用既包括购买产品的多余现金支出，也包括未购买到该产品所付出的时间费用和搜寻费用。值得指出的是，测定品牌忠诚度时，一定要首先明确基本决策的单位是单个的家庭、单个的消费者，还是企业或其他社团组织，因为通过市场调查所获得的数据来源是各种各样的，对这些数据进行处理，只有统一基本决策单位，才能便于对调查结果的分析、比较和利用，否则就会得出错误的结论。

（三）品牌忠诚的影响因素

1. 产品吸引

当消费者受到某种刺激激发了潜在的购买欲望之后，便会做出购买决定。这里，刺激物通常是指产品的功能特性、价格等。消费者形成品牌忠诚，正是由于产品的特性这种刺激物的吸引所产生的。

现代消费者并不完全听信于广告，也不会听凭生产者的摆布，他们从个人体验中学习。同时，消费者还从广告中学习，从别人的购买经验中学习。消费者对个人体验的信任更胜于对广告的信任，他们只有在对市场出售的商品的性能、使用和销售情况有所了解，自己具备消费知识和技能后才会做出反应。可见，产品的特性对商品与品牌选择行为具有决定性的影响。

2. 时间压力

在现代社会，时间是一种宝贵的资源。花费额外的时间就相当于货币的额外支出。因此，消费者总是尽可能地节省时间，但时间的节省和信息的搜寻是相互矛盾的，要想广泛地掌握信息，花费时间是不可避免的，解决这一矛盾的有效办法是形成品牌忠诚。一旦形成品牌忠诚，消费者既无须花很多时间去搜寻信息，又无须在每次购买前反复考虑和斟酌，更因为形成重复购买，事先就知道购买地点，驾轻就熟，无疑可节省大量购买时间。

时间对品牌忠诚的影响，还表现在产品的购买间隔上。产品购买的时间间隔越长，消费者将有更多的时间搜寻信息进行比较，其品牌忠诚度相对较低。一般来说，消费者对各种日常用品要比对各种耐用消费品的品牌忠诚度高，在一份决定哪些产品常常是凭印象购买的调查中，汤普森广告公司发现，牙膏、牙刷、洗涤剂、肥皂等日常用品，具有很高的品牌忠诚度。

3. 风险因素

消费者购买某一商品、选择某一品牌是以放弃其他商品或品牌的购买为代价的。也就是说，在收入和需求条件的制约下，消费者面临着品牌选择的机会损失。消费者在进行品牌选择时，总是尽可能降低这种机会损失，但由于受客观外界条件的制约，消费者很难做出完全满意的选择，甚至做出错误的选择，从这个意义上说，消费者的选择总存在一定的风险。因外部条件的制约和消费者本身知识的局限，其不可能意识和了解到可能遇到的全部风险，而只可能在其知识和经验范围内部分地意识到这些风险，这些风险被称为知觉风险。

4. 自我形象

自我形象或自我概念是消费者基于其价值观、理想追求、个性特征等形成的关于自身的态度和看法。消费者都有各自的自我形象，他们还对市场上出售的产品或品牌形成整体印象或形象，当品牌形象与消费者的自我形象一致时，其就会做出选择这一品牌的决策。为维护和强化自我形象，消费者还会形成强烈的重复购买趋势。

四、重复购买

在满意的顾客中，相当大一部分可能成为重复购买者。重复购买者是这样一些顾客，他们在相当长的时间内，选择一个品牌或极少的几个品牌。重复购买者可分为两种类型：习惯型购买者和忠诚型购买者，前者重复购买某种产品是由于习惯使然，或者他们购物的地方没有更好的备选品，或该品牌是最便宜的；忠诚型购买者则是对于某种产品或某个品牌产生了一种特别的偏好，甚至形成了情感上的依赖，从而在相当长的时期内重复选择该品牌。

重复购买之所以会给企业创造更多利润，主要原因是获取新顾客的成本远高于老顾客，而且随着时间的推移，老顾客的获利性越来越高。重复购买者可能向其他人推荐所购产品，更可能倾向持续购买该产品，而不是等待减价或不停地讨价还价。另外，在长期内重复购买者倾向使用一个厂家提供的多种产品和服务。所有这些都有助于增强企业从重复购买者身上获得更多的利润。

第四节　消费者的不满

消费者的不满一般是指消费者由于对交易结果的预期与实际情况存在较大出入而引起的行为上或情绪上的反应。一旦消费者对所购的产品或服务不满，随之而来的问题就是如何表达这种不满。本节将围绕消费者不满的表达方式、影响消费者不满的因素和处理消费者不满的方式展开。

一、消费者不满的表达方式

（一）消费者不满的理论基础

1. 归因理论

归因理论研究了个体如何思考和解释结果和行为发生的原因，在营销情境中，当产品或服务未能满足消费者的需求时，他们将会从以下三个因素来寻求解释。[①]

第一，稳定性。事件的原因是暂时的还是持久的？

第二，焦点。问题是消费者造成的还是营销人员造成的？

第三，可控性。事件是处于消费者还是营销人员的控制之下？

当问题的原因是持久的，错在营销人员身上，且消费者无法控制时，消费者更有可能会感到不满。假设消费者在新车的挡风玻璃上发现了一条裂缝，如果消费者认为这只是一个意外或巧合，在营销人员的控制范围之内，或者是消费者自己的过错，其也许不会对此感到不满。如果消费者发现很多人都遇到了同样的问题，问题是持久性的，与公司有关，那么消费者很有可能会产生不满。

2. 公平理论

公平理论关注的是个体间交易的性质以及人们对这种交易的认识。在营销学中，这一理论用于研究买方与卖方间的交易。根据公平理论，消费者会对他们在某一具体交易中的投入和所得形成知觉，并将这一知觉与他们对销售员、

---

① 刘永芳.归因理论及其应用[M].济南:山东人民出版社,1998.

经销商或者公司的投入与所得的知觉进行比较。

要实现公平，买方必须感到交换公平。如果消费者用公平的价格买下了一辆称心如意的车，他们就会认为交换是公平的。如果消费者认为自己占到了便宜的话，他们的满意程度将会更高。如果消费者认为交易不公平，他们将会感到不满。要实现公平，消费者必须发现卖方也得到了公平的对待。然而对公平的感受更倾向于以自我为中心，也就是说，比起卖方自己的投入和销售的所得，消费者更关心自己的所得和销售者的投入。[①]

研究结果表明，当消费者判断他们在某项服务上的支出公平时，他们常常会问自己："考虑到我所付的钱，我对这项服务利用充分吗？"如果在开始时消费者对服务有较高的期望或者是服务的绩效超过了消费者常规的期望，消费者将会认为这项服务更加公平。当感受到价格更加公平时，消费者将会更加满意。[②]同样，对公平的感知会随着时间而改变。当车的质保期限接近时，车主会对那些他们认为本可以被修复的属性感到格外不满，反过来说，这些属性与消费者对产品质量的满意程度高度相关。[③]

（二）消费者不满的表达方式

1. 自认倒霉

不采取外显的抱怨行为。消费者之所以存在不满情绪，采取忍让克制的态度，主要原因是其认为采取抱怨行动需要花费时间、精力，所得的结果往往不足以补偿其付出的代价。很多消费者在购得不满意的产品和服务后，却未见其采取任何行动，大多是抱有这种"抱怨也无济于事"的态度。虽然如此，消费者对品牌或店铺的印象与态度显然已经发生了变化，换句话说，不采取任何行动并不意味着消费者对企业的行为方式采取默许的态度，这一点企业应当谨记。

2. 采取私下行动

比如，转换品牌，停止光顾某一商店，将自己不好的体验告诉熟人和朋友，使朋友或家人确信选择某一品牌或光顾某一商店是不明智之举。

① OLIVER R L, SWAN J E. Equity and disconfirmation perceptions as influences on merchant and product satisfaction[J]. Journal of consumer research, 1989, 16(3): 372–383.

② OLIVER R L, SWAN J E. Consumer perceptions of interpersonal equity and satisfaction in transactions: a field survey approach[J]. Journal of marketing, 1989, 53(2): 21–35.

③ BOLTON R N, LEMON K N. A dynamic model of customers' usage of services: usage as an antecedent and consequence of satisfaction[J]. Journal of marketing research, 1999, 36(2): 171–186.

3. 直接提出抱怨

对零售商或制造商提出抱怨，要求补偿或补救。比如，写信、打电话或直接找销售人员或销售经理进行交涉。

4. 要求第三方予以谴责或干预

如向地方新闻媒体写投诉信，诉说自己的不愉快经历；要求政府行政机构或消费者组织出面干预，以维护自己的权益；对有关制造商或零售商提起法律诉讼。

一般而言，消费者抱怨基于两方面的考虑：第一，获得经济上的补偿。比如要求更换产品、退货，或者要求对其所蒙受的损失予以补救。第二，重建自尊或维护自尊。当消费者的自我形象与产品购买紧密相连时，不满意的购买可能极大地损害这种形象。

二、影响消费者不满的因素

影响消费者不满的因素有很多。如上所述，产品或服务的类型会使消费者产生抱怨的倾向。随着产品成本和产品社会重要性的提升，抱怨的趋势将得到强化。一些研究人员认为，抱怨行为与以下变量存在密切关系：一是消费者不满的程度或水平；二是消费者对抱怨本身的态度；三是从抱怨中获得利益的大小；四是消费者的个性；五是对问题的归因，即将问题归咎于谁；六是产品对消费者的重要性；七是消费者用于抱怨的资源及其可获得性，比如是否有时间、精力采取某种抱怨行为。

也有一些学者试图探究人口特征与消费者抱怨的关系。有研究发现，年龄、收入与抱怨行为之间存在一种中度的相关关系，年轻人和收入水平较高的人似乎更倾向于采取抱怨行动。另一项研究结果发现，拥有更高收入水平和受教育水平的人，抱怨更多。还有一些证据显示，具有教条倾向和富有自信的人更有可能在经历不满时予以抱怨，同时个人主义色彩浓厚，强调独特性、独立性的消费者，似乎抱怨更多。

三、处理消费者不满的方式

现实生活中，大多数企业对于自己的产品是否令消费者满意并未进行系统的调查和了解。斯道克斯在食品行业中做的一项调查研究表明，60%的企业几乎一点也不了解消费者对本企业产品的满意状况。然而，一些以消费者为主导的企业，如美国的宝洁公司、3M公司等，在跟踪和了解消费者的购后反应上，确实做出了特别的努力。一些公司设立了消费者热线，以此搜集消费者对产品的反馈信息，并帮助消费者解决有关质量、售后服务等方面的问题。

政府有关机构对消费者抱怨行为也怀有很大的兴趣。如果他们发现消费者在某一领域的投诉比较频繁和集中，就有可能制定和颁布专门的法律或行政条例予以规范和干预。对于企业而言，当然不太情愿看到政府做出过于强烈的反应，为此，只有通过自身的约束或行业的自律来减少消费者的抱怨和避免政府的直接干预。

很多企业开始意识到，完全消除消费者的不满可能并不现实，但有一点企业是可以做到的，那就是建立一种应付和处理消费者投诉或抱怨的内部机制。目前采用得比较多的应对办法，一是设立免费的消费者热线；二是为产品或服务提供强有力的担保，比如规定在哪些条件下可以退换和进行免费维修等。最近一年在美国等西方国家还兴起一种平息消费者不满情绪的新方式——服务合同。签订服务合同就类似于为产品买保险，消费者只要为产品负一点点溢价，就可以在一定时期内享受由卖方免费解决某些产品问题的权利。服务合同在汽车行业使用得较为普遍。

【思考题】

1.购买后冲突的概念是什么？举例说明生活中出现的购后冲突行为。
2.影响消费者不满意的因素有哪些？
3.产品的闲置是什么意思？举例说明。
4.如何有效地处理消费者的抱怨行为？
5.消费者不满的表现形式有哪些？

第五章 消费者购买动机

【本章目标】

1. 了解消费者购买动机的定义、特点和分类。

2. 了解早期动机理论和现代动机理论的内容。

3. 掌握动机冲突的概念及营销策略。

4. 培养分析具体市场中的消费者行为并解释消费背后原因的能力。

第一节 消费者购买动机概述

一、动机的含义

"动机"这一概念最初是由伍德沃斯于1918年引入心理学的。他把动机视为决定行为的内在动力，一般认为动机是"引起个体活动，维持已引起的活动，并促使活动朝向某一目标进行的内在作用"。

动机是在需要的基础上产生的一种心理倾向，因此在了解动机的含义之前，首先需要了解需要的含义。消费者需要是指消费者由于生理上和心理上的匮乏状态而感到紧张或感觉到缺少了什么，形成与周围环境之间的某种不平衡的心理，从而产生想获得它们的状态。消费者的购买动机是其购买行为心理的重要组成部分，是由消费者的需要、兴趣等心理活动产生的购买行为的内在动力。一般来说，人们有什么样的需要就会产生什么样的动机，因此动机的实质就是推动人们去从事某种活动、达到某种目的、指引活动满足一定需要的意图、愿望和信念。购买动机则是直接驱使消费者进行某种消费活动的内部驱动力，它反映了消费者在心理上、精神上和情感上的需要，是消费者为满足某些需要而采取购买行为的动力。

消费者的购买动机并不是无缘无故产生的，也不是凭消费者单方面的需求、欲望或由外界目标的刺激而形成的，它必须是由消费者自身的需要、欲望等主观内部条件与目标商品的刺激、诱因等客观外部条件相结合而形成的。内部条件和外部条件缺一不可，两方面如果不能很好地结合，就不能形成消费者的购买动机。消费者需要的多样性及客观环境因素刺激的复杂性，使得购买动机形成结构复杂的体系，所以动机与需要的研究往往是相互联系在一起的。

二、动机的形成机制

一般情况下，动机是指消费者的购买动机。也就是为了满足一定的需要，引起消费者购买某种商品或服务的愿望和意念。动机是一种内在主动的力量，是个体基于需要而由各种刺激引起的心理活动。动机的产生要具备三个必不可少的条件：第一，需要；第二，刺激条件；第三，满足需要的对象和条件。具体形成机制如图5-1所示。

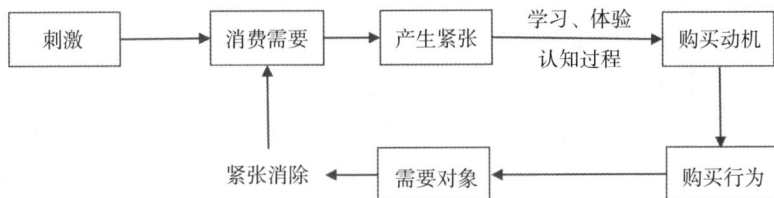

图5-1 动机的形成机制

需要是动机产生的基础。只有当个体感受到某种生理上或心理上的需要时，才会产生采取行动以使这种需要得以满足的动机，因此动机事实上可以看作需要的具体化。

刺激条件是动机形成的必要条件。个体内在需要只是一种潜在的状态，只有当个体受到刺激时，这种内在需要才会被激活，从而内心产生不安和紧张并进一步转化为动力，动机才会形成。满足需要的对象和条件是动机形成的又一重要因素。需要产生以后，必须有与之相适应的满足需要的对象和条件，才能形成动机。

由图5-1可知，当个体受到来自外部或者内部的刺激时，就会产生紧张感，同时引起需要。个体在学习、体验以及认知过程的帮助下会指向能够满足需要的具体目标，从而促使动机产生，进而发生指向具体目标的行为。当个体获得需要的对象之后，原有的紧张状态便会得到消除。当该需要得到满足后，新的需要又会重新产生，从而使个体的消费行为处于不断发展的过程中。

三、动机的特点

一般来说，消费者的动机具有以下几个特征。

（一）原发性

动机的产生必须要以需要为基础，需要使个体产生动机，动机推动个体采取行动。个体缺乏某种东西时就会产生对某种东西的需要，这种需要推动个体去寻找满足的对象。

（二）内隐性

一般来说，动机并不总是显露无遗的。在具体的购买活动中，消费者的真实动机经常处于内隐状态，难以从外部直接观察到。正如弗洛伊德所说，动机犹如一座海中的冰山，显现在海面上的只是很小的一部分，大部分隐藏在看不见的水下。人们的心理活动是极其复杂的，在现实生活中，消费者经常出于某种原因，而不愿意让他人知道自己的真实动机。

除此之外，动机的内隐性还体现在消费者对自己的真实动机缺乏明确的意识及动机处于潜意识状态，这种情况在多种动机交织组合、共同驱动一种行为时经常发生。消费者进入高档餐厅就餐，首先可能是想品尝美味的菜肴，其次可能追求的是社会地位、身份或社交需求。

（三）动态性

动机是与生活经验相互作用而不断变化的。动机的形成决定于内在需要和外部环境两个方面的因素，当这两种因素发生变化时，个体的动机自然会发生相应的变化。消费者购买或决策过程中，由于新的消费刺激出现而发生动机改变，原来的非主导性动机由潜在状态转入显现状态，上升为主导性动机。现实生活中，许多消费者改变预定计划，临时决定购买某种商品的行为就是发生动机变化的结果。消费者之所以会改变动机，还可能是因为原有动机在实现的过程当中受到阻碍。

（四）复杂性

动机的复杂性至少可以从4个方面体现出来。第一，任何一种行为的背后都蕴藏着多种不同的动机，而且类似行为的产生未必出于类似的动机，类似的动机不一定导致类似的行为。第二，同一种行为后的各种动机有着强度上的差别，哪种动机处于优势地位、哪种动机处于劣势地位并不容易分清。第三，动机并不总是处于显意识水平或显意识状态，也就是说，对于为什么采取某一行动，消费者自身也不一定能够给出清晰的解释。研究消费者动机时，应区分消费者何时不愿披露某种动机、何时无力揭示其行为动机。第四，没有哪种动机是孤立的。即使是人类最基本的饥饿动机，虽在性质上属于生理性动机，也很难完全以纯生理的因素予以解释。

四、动机的分类

（一）求实动机

求实动机是指消费者以追求商品或服务的实用价值为主导倾向的购买动机。在这种动机的支配下，消费者在选购商品时特别重视商品的质量功效，要求一分钱一分货。

（二）求新动机

求新动机是指消费者以追求商品、服务的时尚性、新颖性和奇特性为主导倾向的购买动机。在这种动机的支配下，消费者选择产品时，特别注重商品的款式、色泽、流行性、独特性和新颖性。相对而言，产品的耐用性、价格等成为次要考虑因素。

（三）求美动机

求美动机是指消费者以追求商品欣赏价值和艺术价值为主要倾向的购买动机。在这种动机的支配下，消费者选购商品时，特别重视商品的颜色、造型、外观、包装等因素，讲究商品的造型美、装潢美和艺术美。求美动机的核心是讲求赏心悦目，注重商品的美化作用和美化效果，它在受教育程度较高的群体以及从事文化教育等工作的人群中是比较常见的。

（四）求名动机

求名动机是指消费者以追求名牌、高档商品，借以显示或提高自己的身份、地位而形成的购买动机。在一些高收入群体、大学生和中学生中，求名动机比较明显。求名动机形成的原因实际上是非常复杂的，购买名牌商品除了有显示身份、地位等自我因素以外，还隐含着消费者对减少购买风险、简化决策程序和节省购买时间等多方面因素的考虑。

（五）求廉动机

求廉动机是指消费者以追求商品服务的价格低廉为主导倾向的购买动机。在求廉动机的驱使下，消费者选择商品以价格为第一考虑因素。他们愿意多花体力和精力多方面了解，比较产品价格差异，选择价格便宜的产品。相较而言，求廉动机的消费者对商品的质量、花色、款式、包装、品牌等并不十分挑剔，而对降价、折让等促销活动怀有较大兴趣。

（六）求便动机

求便动机是指消费者以追求商品购买和使用过程当中的省时省力为主导倾向的购买动机。在求便动机的支配下，消费者对时间、效率特别重视，对商品本身则不甚挑剔。他们特别关心能否快速方便地买到商品，讨厌过长的等候时间和过低的销售效率，对购买的商品要求携带方便、便于使用和售后维修服务有保障。

（七）模仿或从众动机

模仿或从众动机是指消费者在购买商品时自觉或不自觉地模仿他人的购买行为而形成的购买动机。模仿是一种很普遍的社会现象，其形成的原因多种多样，有出于仰慕和获得认同而产生的模仿，也有由于惧怕风险而产生的模仿，更有缺乏主见、随大流而产生的模仿。不管出于何种缘由，持模仿或从众动机的消费者，其购买行为受他人影响比较大。

第二节　消费者动机相关理论

一、早期动机理论

（一）本能学说

本能学说是指弗洛伊德学说中，把中枢神经系统的基本功能归之于消除或中和兴奋活动，从外界来的刺激，用所引起的简单反应即可达到这个目的，但如欲消除从内部来的刺激，就需要非常复杂的行为，这种内在的刺激来源于本能。[1]

从市场营销的角度来看，本能性行为的价值在于，它能使针对这些行为的特定的营销刺激更具有效性。例如，在儿童用品中以母爱为诉求，可能很容易唤起成年人对某些儿童用品的好感，从而有助于这些产品的销售。

（二）精神分析说

精神分析说是弗洛伊德于1869年3月在其发表的法文论文中首先提出来的。精神分析说作为一个完整的体系，包含着禁止相互制约且不可分割的三个组成部分，即精神病治疗方法及其理论、心理学和哲学。精神分析学说大致可以概括为5个观点，即分区观点、结构观点、动力观点、发展观点和适应观点。[2]

1. 分区观点

精神分析的分区观点认为，人类的心理活动分为无意识和意识两大层次，其中意识包括前意识。无意识是人的心理活动的深层结构，包括原始冲动和本能以及其他欲望，这些内容因为同社会道德准则相悖，因而无法直接得到满足，它们被挤出意识之外，被压抑到无意识中。无意识里的内容并不是被动的、僵死的，而是积极活动着，时刻寻求满足。前意识是介于无意识和意识之间的一个边缘部分，是由一些可以经由回忆而进入意识的经验所构成的，其功能是在意识和无意识之间从事警戒任务；它不允许无意识的本能冲动到达意识中去。意识则是心理结构的表层，它面向外部世界，是与对外在世界的直接感知有关的心理结构部分。

2. 结构观点

弗洛伊德把人格的结构分为本我、自我和超我三个部分，这就是结构观点。代表追求生物本能欲望的人格结构部分称为本我，是人格的基本结构，也是人格中的一个永存的成分，在人一生的精神生活中起着重要的作用。本我遵循的是快乐原则，要求毫无掩盖与约束地寻找直接的肉体快感，以满

① 本能学说[EB/OL]. (2022-07-24). https://baike.baidu.com/item/%E6%9C%AC%E8%83%BD%E5%AD%A6%E8%AF%B4/10576579?fr=aladdin.
② 精神分析说[EB/OL]. (2022-10-28). https://baike.baidu.com/item/%E7%B2%BE%E7%A5%9E%E5%88%86%E6%9E%90%E8%AF%B4/5543831?fr=aladdin.

足基本的生物需要。从个体发展来看，超我在较大程度上依赖于父母的影响。一旦超我形成以后，自我就要同时协调和满足本我、超我和现实三方面的要求。也就是说，在使本我（即本能冲动和欲望）要求获得满足的时候，不仅要考虑外界环境是否允许，还要考虑超我是否认可。

这三个系统分别对应本我欲望、外界环境和产品象征。刚出生的宝宝就知道吮吸母体的乳汁，这便是个体本能欲望的驱使导致的结果。肚子饿了就会想要买东西来吃，渴了就想要买水来喝，这种消费欲望是消费者从购买的物品中获取的满足度和需要度，为了得到满足，人们就会不断地产生购买行为。人们在进行购买行为时，总是首先基于生活中已知的产品来进行购买。朋友的一句推荐或者一则很吸引人的广告，都可能让消费者产生购买行为，所以外界环境对于人们的消费欲是有很大影响的。产品象征代表了消费者的购买目的和潜意识需求，人们通过使用象征潜在欲望的产品，使不被接受的欲望通过其他途径得到满足。人们在购买产品的时候总是会根据自己的喜好来选择，而这些喜好有表面上的喜欢，也有潜意识上的需要。这三个系统相互冲突却又相互协调，最终构成一个完整的人格系统。

3. 动力观点

弗洛伊德假定心理异常有其生物基础。他认为，人类行为的动机来源在于心理能量，这些能量又出自先天的驱力和本能。这就是精神分析的动力观点。最初，弗洛伊德假定有两大类基本的驱力：（1）同自我或自我保护有关的驱力，包括饥渴及其他与生存有关的生理需要，它们是个体生存所必须满足的。（2）性爱的驱力，与性欲望和种系的繁衍有关。弗洛伊德更看中性欲望，并把这个概念极大地扩展为既包括性欲望又包括所有其他的需求快乐或与他人进行身体接触的欲望。

4. 发展观点

弗洛伊德理论的另一个重要内容，是心理性欲发展学说，即发展观点。弗洛伊德认为，本我所代表的无意识冲动的满足，总要通过身体的某一个部位或区域的快感来实现，而这个区域在个体发展的不同时期是不同的，这就形成了人格乃至整个心理的发展阶段。

性心理发展可分为如下几个阶段（或时期）：（1）口唇期（0—1岁），其快乐来源为唇、口、手指等。在长牙以后，快乐来自咬牙。（2）肛门期（1—3岁），其快乐来源为：忍受和排粪便，肌紧张的控制。（3）性器期（3—6岁），包括恋母期及生殖器期，其快乐来源为：生殖部位的刺激和幻想，恋母或恋父。（4）潜伏期，潜伏期从七八岁开始一直到青春期前，儿童进入潜伏期，不对性感兴趣，也不再通过定位于躯体的某一部位而获得快感。这时，儿童的兴趣转向外部，注意发展各种为应付环境所需要的知识和技能，这也正是儿童进入初等教育的时期。（5）青春期，逐渐转向异性。这一阶段起于青春期贯穿于整个成年期。

弗洛伊德认为，在性心理的发展过程中，如果不能顺利地进行，如停留在某一阶段或遇到挫折而从高级阶段倒退到低级阶段，都可能造成行为的异常。因此，这就成为各种神经症或精神病的根源。

5. 适应观点

焦虑和自我防御机制是精神分析适应观点的重要概念。焦虑可分为现实性焦虑、道德性焦虑、神经症性焦虑。所谓自我防御机制，是指人格结构中的自我在本我的欲望压力和现实的要求之间逐渐形成的一种功能，是人们在不知不觉中用一定的方式调整欲望与现实的关系，使自己可以接受而不致引起情绪上的严重痛苦和焦虑。不论是正常人或神经症病人及精神病人，都使用自我防御机制。在一般情况下，使用得当可免除内心痛苦以适应现实，但在特殊情况下使用过分时，虽然冲突和挫折引起的内心焦虑不被感觉到，却以症状的形式表现出来而形成疾病，包括压抑、投射、置换、反向、合理化、升华、转移等。

（三）驱力理论

1. 基本观点

驱力理论又称驱力还原论。所谓驱力理论，指的是当有机体的需要得不到满足时，便会在有机体的内部产生所谓内驱力刺激，这种内驱力的刺激引起反应，而反应的最终结果则使需要得到满足。

2. 核心公式

赫尔接受了克雷斯皮的论点，在他的公式中增加了一个新的构成——诱因动机（K），认为强化量是通过诱因动机起作用的，因为习惯强度是逐渐发生变化的，是相对持久的。强化量的变化引起操作水平迅速改变，这一事实很难用"习惯强度本身削弱"来解释。所以，最好还是把强化量与诱因动机联系在一起，用诱因动机来解释因强化量下降而导致的反应强度减弱。这样，赫尔的公式就成了：

$$sER = D \times K \times sHR$$

其中，sER表示产生某种行为的反应潜能，D表示内驱力，K表示诱因，sHR表示习惯强度。

●有机体的活动在于降低或者清除内驱力；

●内驱力降低的同时，活动受到强化，因而是促使提高学习概率的基本条件；

●二级驱力与二级强化。

根据公式 $sER=K \times D \times sHR$，赫尔的学习系统有了两种动因：原有的原始驱力因素（D）；新加的二级诱因因素（K）。这样，事实上也就有了两种学习：

●一级学习系统，即刺激—反应的学习；

●二级学习系统，即建立在二级强化物和诱因动机基础上的学习。

二、现代动机理论

（一）马斯洛需求层次理论

马斯洛的需求层次结构是心理学中的激励理论，包括人类需求的五级模型，通常被描绘成金字塔内的等级。从层次结构的底部向上，需求分别为：生理（食物和衣服），安全需要（工作保障），社交需要（友谊），尊重需要，自我实现需要。这种五阶段模式可分为不足需求和增长需求。前4个级别通常称为缺陷需求（D需求），而最高级别称为增长需求（B需求）。

1. 基本观点

五种需要是最基本的，是与生俱来的，构成不同的等级或水平，并成为激励和指引个体行为的力量。

低级需要和高级需要的关系：马斯洛认为需要层次越低，力量越大，潜力越大。随着需要层次的上升，需要的力量相应减弱。高级需要出现之前，必须先满足低级需要。在从动物到人的进化中，高级需要出现得比较晚，婴儿有生理需要和安全需要，但自我实现需要在成人后出现；所有生物都需要食物和水分，但是只有人类才有自我实现的需要。

2. 应用实例

马斯洛理论把需要分成生理需要、安全需要、社交需要、尊重需要和自我实现需要五类，依次由较低层次到较高层次，从企业经营消费者满意战略的角度来看，每一个需求层次上的消费者对产品的要求都不一样，即不同的产品满足不同的需求层次。将营销方法建立在消费者需求的基础之上考虑，不同的需求也即产生不同的营销手段。

根据5个需要层次，可以划分出5个消费者市场：

●生理需要：满足最低需求层次的市场，消费者只要求产品具有一般功能即可。

●安全需要：满足对"安全"有要求的市场，消费者关注产品对身体的影响。

●社交需要：满足对"交际"有要求的市场，消费者关注产品是否有助提高自己的交际形象。

●尊重需要：满足对产品有与众不同要求的市场，消费者关注产品的象征意义。

●自我实现需要：满足对产品有自己判断标准的市场，消费者拥有自己固定的品牌，需求层次越高，消费者就越不容易被满足。

（二）赫茨伯格双因素理论

1. 基本观点

双因素理论亦称"激励—保健理论"，美国心理学家赫茨伯格于1959年提出。他把企业中有关因素分为两种，即满意因素和不满意因素。满意因素是指可以使人得到满足和激励的因素。不满意因素是指容易产生意见和消极行为的因素，即保健因素。他认为这两种因素是影响员工绩效的主要因素。保健因素的内容包括公司的政策与管理、监督、工资、同事关系和工作条件等。这些因素都是工作以外的因素，如果满足这些因素，能消除不满情绪，维持原有的工作效率，但不能激励人们更积极地行为。激励因素与工作本身或工作内容有关，包括成就、赞赏、工作本身的意义及挑战性、责任感、晋升、发展等。这些因素如果得到满足，可以使人产生很大的激励，若得不到满足，也不会像保健因素那样产生不满情绪。

2. 理论应用

赫茨伯格双因素理论的核心在于"只有激励因素才能够给人们带来满意感，而保健因素只能消除人们的不满，但不会带来满意感"这一论断，因此如何认定与分析激励因素和保健因素并"因材施政"才是关键。比如在销售领域，从员的工资薪金设计来说，按照双因素理论，应该划分为基础工资与销售提成两部分，基础工资应属于保健因素，销售提成则属于激励因素，对销售人员而言，通常做法是低工资高提成，这样才能促使销售人员尽可能地多做业务。所以，将赫茨伯格双因素理论运用于管理，首先，在于对存在的各因素进行质的分析与划分，明确或创造出保健与激励因素两部分；其次，进行量的分析与划分，既保障保健因素的基本满足程度，又尽量地加大激励因素的成分，从而最终由此最大程度激发员工工作的积极主动性。

（三）麦克利兰成就动机理论

美国哈佛大学教授戴维·麦克利兰，是当代研究动机的权威心理学家。他从20世纪40—50年代起就开始对人的需求和动机进行研究，提出了著名的"三种需要理论"，并得出了一系列重要的研究结论。

麦克利兰认为，具有强烈的成就需要的人渴望将事情做得更为完美，提高工作效率，获得更大的成功，他们追求的是在争取成功的过程中克服困难、解决难题、努力奋斗的乐趣，以及成功之后的个人成就感，他们并不看重成功所带来的物质奖励。个体的成就需要与他们所处的经济、文化、社会、政府的发展程度有关，社会风气也制约着人们的成就需要。

权力需要是指影响和控制别人的一种愿望或驱动力。不同人对权力的渴望程度也有所不同。权力需要较高的人喜欢支配、影响他人，喜欢对别人"发号施令"，注重争取地位和影响力。他们喜欢具有竞争性和能体现较高地位的场合和情境，他们也会追求出色的成绩，但他们这样做并不像高成就需要的人那样是为了个人的成就感，而是为了获得地位和权力或与自己已具有的权力和地位相称。权力需要是管理成功的基本要素之一。

亲和需要就是寻求被他人喜爱和接纳的一种愿望。高亲和需要者渴望友谊，喜欢合作而不是竞争的工作环境，希望彼此之间的沟通与理解，他们对环境中的人际关系更为敏感。有时，亲和需要也表现为对失去某些亲密关系的恐惧和对人际冲突的回避。亲和需要是保持社会交往和人际关系和谐的重要条件。

第三节　动机与营销策略

一、动机冲突

动机冲突是指在同一时间内出现的彼此不同或者相互抵触的动机因不能都获得满足而产生的矛盾心理。现实生活中，一个消费者常常同时具有多种购买动机，并且在许多场合这些动机同时起作用。在各种不同动机的支配下，有些动机的目标与方向是一致的，而有些则是相互矛盾的，因而动机之间的冲突是不可避免的。在消费者的各种购买动机冲突中，与市场营销活动关系最为密切的动机冲突主要有以下三种：双趋冲突、双避冲突、趋避冲突（见表5-1）。

（一）双趋冲突

双趋冲突，又称为趋向—趋向冲突。在这种类型的动机冲突情况下，一个消费者必须在两个或者两个以上具有吸引力的可行性方案中进行选择，方案的吸引力越均等，冲突也就越激烈。

（二）双避冲突

双避冲突，又称为回避—回避冲突。在这种动机冲突情况下，消费者面对两种不称心或者希望逃避的选择，但又必须选择其中一个。这种情况在消费者实际购买活动中也时有发生。比如，周末社交时，朋友提议火锅和川菜二选一，但其实两个都不想选，碍于情面只好选其一。

（三）趋避冲突

趋避冲突，又称为趋向—回避冲突。在这种动机冲突情况下，消费者面对同时具有吸引力和排斥力的一个目标，需要做出选择。具体表现为，在获得某一个产品利益的同时，又要放弃对该种商品的购买或回避。例如，夏季正是小龙虾上市的季节，很多年轻人睡前特别想吃，但又想控制体重，纠结要不要下单。

表5-1　动机冲突总结

类型	含义	范例
双趋冲突	两个目标，只能选择其一	鱼和熊掌不可兼得
双避冲突	两个目标，只能回避其一	前怕狼后怕虎
趋避冲突	同一个目标，既希望选择，又不得不回避	既想当好班干部，又怕耽误学习

二、动机冲突的营销策略

（一）双趋冲突的营销策略

面临这种动机冲突时，消费者往往难以取舍。此时，外界的影响对其最终购买行为的决定具有重要的作用，如朋友或家人的意见以及商业广告的影

91

响等。现实中，消费者面临的这种动机冲突是大量的和经常存在的，因为绝大多数消费者解决这一矛盾的方法，一方面取决于消费者的主导动机，另一方面则主要取决于外界各种刺激的影响。在广告宣传中强化某一选择品的价值与利益，或通过降价、延期付款等方式使某一选择更具有吸引力，均是解除双趋冲突的有效方式。

（二）双避冲突的营销策略

面对这种动机冲突时，企业可以采取一些有效的促销手段来减轻消费者的回避心理。比如，企业可以通过向消费者提供分期付款的方式来减轻消费者在购买上的经济压力，也可以采取以旧换新的方式吸引消费者重新购买。现在社会上推行的商业保险也存在这一问题，消费者大都希望自己在遇到意外伤亡事件时能够得到一定的经济补偿，但是他们又不愿意把自己辛苦赚来的钱花在这种保障上，觉得很不吉利。许多保险公司为了弱化人们的这种冲突，便推行一种既有保障性质又有投资性质的保险产品，把购买保险的注意力从"伤亡""费用"这两个消极点转移到"投资""回报"这种积极点上来，使得消费者的冲突心理得以缓和。

（三）趋避冲突的营销策略

营销人员在发现消费者具有趋避冲突之后，常常会采取灵活的营销手段来消除消费者的这种心理。比如，为消费者提供保修承诺；保证在一定时期内如果市场上有更低价格的同类产品出售，商家就返还差价，甚至给予奖励等措施。

【思考题】
1. 简述消费者动机的形成过程。
2. 简述马斯洛需求层次理论。
3. 简述双因素理论。
4. 针对双趋冲突，营销人员应该如何做？举例说明。
5. 举例说明趋避冲突，并阐述相对应的营销策略。

第六章 消费者知觉

【本章目标】

1. 了解消费者感觉与知觉的概念、区别与联系。

2. 了解消费者的知觉过程。

3. 掌握影响展露、注意和理解的因素。

4. 培养分析消费者对知觉风险的感知以及应对策略的能力。

第一节 消费者的感觉与知觉

感觉和知觉是认知活动的初级阶段，它们是相互联系、密不可分的两个部分。事实上，人们生活在一个存在无数感官刺激的环境中，这些环境中的刺激有些是来自大自然的，有些是人为的，也有一些是营销者刻意为之。

一、感觉

（一）感觉的概念

感觉是人脑对当前直接作用于感觉器官的客观事物个别属性的反应。每个客观事物都有许多可以被人感觉到的属性，比如，一盘色香味俱全的菜。当这盘菜摆在消费者面前的时候，它的属性就会作用于消费者的各个感觉器官，鼻子可以闻到菜的香味，眼睛可以看到菜的丰富色彩，嘴巴可以品尝到菜的美味等，这些都是感觉。

（二）感觉的分类

根据刺激物的来源和感受器所处的位置，可以把感觉分为外部感觉和内部感觉。

1. 外部感觉

外部感觉指的是接受来自外部的刺激，反映外界事物个别属性的感觉，包括视觉、听觉、味觉、嗅觉和肤觉5种类型。

（1）视觉是依靠人的眼睛来实现的一种感觉，具体包括对固体形状的爱好、对形状的联想、对产品材料的联想、对流体质感的满意度、对商品透明度的满意度、对色彩的敏感度、对色彩的联想等。色彩感觉给人们最丰富的感性世界，让人们能够感受到世界的光彩与美丽。

（2）听觉是依靠耳朵来实现的一种感觉。在生活中，听觉所获得的信息量可能不如视觉的多，但是它的重要性却和视觉是旗鼓相当的。比如，优美的音乐、引人入胜的影视剧和戏曲表演等艺术形式，都离不开人的听觉器官。

（3）味觉的感觉器官主要是舌头。味觉的主要类型有四种，分别是酸、甜、苦、咸。辣是一种复合味道，它不单单是味觉的感觉，还是温度觉、痛觉和部分咸的感觉的综合。

（4）嗅觉的主要器官是鼻子。嗅觉与味觉这两种感觉是紧密相关的。气味能够激发强烈的感情，也能够产生平静的感觉，还可以唤醒回忆，也可以缓解压力。

（5）肤觉是人的皮肤对事物的感觉。皮肤是人体面积最大、最为复杂的感觉器官，人的皮肤层基本上分布了相应的感觉系统，比如温觉、冷觉、触觉、痛觉等感觉类型。利用肤觉进行营销，最典型的案例是苹果手机。他们非常鼓励顾客在店内把玩他们的产品。

2. 内部感觉

内部感觉只接受机体本身的刺激反应。机体的位置运动和内部器官不同状态下的感觉包括运动觉、平衡觉和机体觉，它们反映身体位置运动和内脏器官的状态变化。在消费者行为学中，研究主要聚焦于外部感觉。

（三）感觉的作用

感觉是人们认识事物的第一步，消费者心理活动的进行要依靠感觉这样的基础行为活动来提供信息的来源，不管是消费者搜集商品信息、购买前进行决策，还是使用商品的过程中，都需要感觉这一系列的行为活动来提供信息来源。消费者经过感觉之后才会进行其他的行为活动。

只有通过消费者的感觉与更高级行为活动的结合，才能实现商品的消费价值，美丽的色彩、美妙的声音、诱人的香味、动听的语言、可口的食物、轻柔的触觉所产生的舒适和愉悦的体验，都是基于感觉而产生的，这正是商品使用价值实现的必要条件。

（四）感觉营销

人们利用感觉进行营销，是一个新兴的领域，越来越多的企业开始注意到感觉对产品体验的影响。当人们走进无印良品（MUJI）的店面时，可以闻到不同的熏香，可以感受到加湿器喷出的烟雾，可以听到动听的音乐；当人们进入宜家家居时，可以看到各式各样组合好的样板间，可以触摸并体验沙发和床的柔软。无印良品和宜家让消费者流连忘返，除了商品和服务之外，更重要的原因在于消费者在这里感受到了温馨和舒适。

各感觉系统之间存在相互的作用，在接收信息后，会经过大脑的处理产生判断和解释，感觉营销就是刺激消费者的感觉系统，以促使其形成对产品的认知。感觉营销主要有色彩营销、气味营销、触觉营销等几种模式。

感觉系统之间是可以互通的，蓝色、绿色被称为冷色，红色、黄色被称为暖色，这里的颜色属于视觉，而冷暖属于温度觉，一种感觉可以引起另一种感觉，这在营销活动中具有重要的意义。

二、知觉

（一）知觉的概念

知觉是人脑对直接作用于感觉器官的客观事物的各个部分和属性的整体性反应。从含义上来看，知觉的影响因素主要有三类：第一，知觉本身的状况，比如知觉者知识、经验和定式等；第二，知觉对象的状况，比如知觉信息本身对知觉的形成有很大的影响；第三，知觉对象的特点，比如颜色、声音、气味和质感等。

（二）知觉的过程

与计算机一样，人们的信息加工过程会经历不同的阶段。在这个过程中，刺激被输入和存储。然而与计算机不同，人们不是被动地加工眼前的信息，而是注意到了环境中很少量的一部分刺激。这是因为有太多的刺激在争夺人们的注意力，在人们注意到的那一小部分刺激中，又只有更小的一部分被留意到，进入意识中的刺激。也许没有客观地进行加工，每个个体根据自己特有的偏

见、需要和经验来解释。如图6-1所示，暴露、注意和理解这三个阶段构成了
知觉的全部过程。

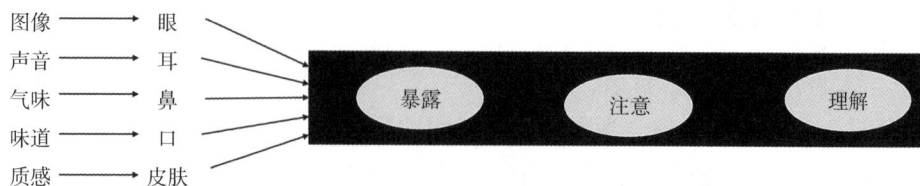

图6-1　知觉的过程

（三）知觉的特征

知觉的基本特征反映了知觉的规律性，这些特征主要有知觉的整体性、知
觉的选择性、知觉的恒常性和知觉的理解性4个方面。

1. 知觉的整体性

知觉的整体性也可以称为知觉的组织性，它是指知觉能够根据个体的知
识、经验，将直接作用于感觉器官的客观事物的多种属性整合在一起，成为
一个整体，以便全面地、整体地把握该事物。有时有些刺激本身就是零散
的，由此产生的错觉却是整体的。知觉不同于感觉，它是对客观事物各个部
分和属性的整体性反映，知觉整体性是超越部分刺激相加之和产生的一种整
体知觉的经验。

比如，在图6-2中，这些图形是不完整的，也就是说，图形所提供的刺激
是不完整的，然而观察者运用自己的主观经验为之增加或者减少某些要素，使
其获得了有意义或符合逻辑的知觉经验。在这些图中可以看到圆形和三角形，
这就是人脑把不完整的图形知觉变为完整的图形知觉的过程，也就是知觉整体
性的体现。

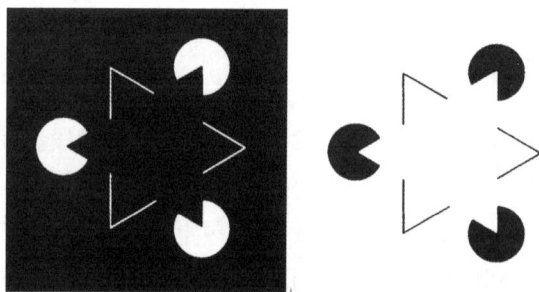

图6-2　知觉的整体性（一）

在图6-3中，中间的字母究竟是B还是13呢？从左往右看，人们会认为中间的字母很有可能是大写的字母B；但是从上往下看的时候，人们又认为它很可能是数字13。因此，知觉是人脑加工的过程，会受到外界因素和个人认知的影响。

图6-3 知觉的整体性（二）

2. 知觉的选择性

知觉的选择性是指知觉对外来刺激有选择地反应或组织加工的过程。知觉的选择性主要体现在知觉者对外在刺激的选择性注意、选择性解释和选择性记忆等三个方面。知觉的能动性主要体现在它的选择性上（见图6-4）。

现代社会中，消费者置身于商品信息的包围之中，随时都要接受来自各个方面的刺激，但是消费者并非会对所有的刺激都做出反应，而是有所选择地加工处理信息。如图6-4所示，由于选择了不同的知觉对象或知觉背景，人们看到的图片是完全不同的。

知觉之所以具有选择性，其原因在于以下两个方面：第一，感觉阈限和

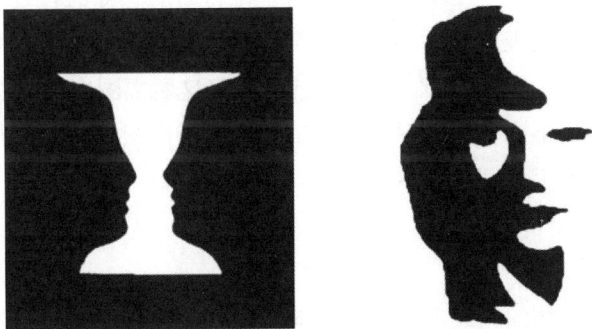

图6-4 知觉的选择性

人脑对信息加工能力的限制。人脑对信息加工能力是有限的，消费者不可能在同一时间内对所有感觉到的信息都进行加工，它只能够对其中比较清晰的部分加以综合，形成直觉。第二，消费者自身的需要、欲望、态度、偏好、价值、观念、情绪、个性等，对直觉的选择也会产生直接的影响。凡是符合消费者需要的刺激物，往往会成为首先被选择的对象，而与需要无关的事物，经常被忽略，自然成了知觉背景。

3. 知觉的恒常性

知觉的恒常性是指影响知觉对象的外界条件在一定范围内发生改变时，知觉并不受到影响，仍然能够把握该事物的相对稳定的特征，即保持对该事物的惯常认识。例如，在图6-5中，一扇门在全开、半开和关闭时所产生的视觉格式是不同的，但人们对门的知觉印象却是保持不变的，仍然认为门是长方形的，这就是知觉的恒常性。

图6-5　知觉的恒常性

4. 知觉的理解性

知觉的理解性，是以一定的知识经验为基础，对所感知的客观事物的有关属性进行组织和加工处理，并用词语对知觉的对象加以解释说明，赋予其一定的意义。例如，在图6-6中，人们会非常迅速地将这两幅图中的动物认出来，但事实上这两幅图是不完整的，只是斑点的集合。人们根据自己以往的知识和经验对图片进行了加工处理，表达出了他们自己的理解。

（四）错觉

错觉是对客观事物的错误的歪曲的反应，也就是说，如果通过对客观事物的个别属性的综合分析所形成的整体反应是错误的，则称为错觉，即错误的知觉。视觉、味觉、听觉、嗅觉、触觉和运动觉等都可能出现错觉，比如图形错觉、大小错觉、方位错觉等。错觉虽然是一种与客观事物不相符合的直觉，但是在产品设计或广告设计中却被充分运用，以增加美感和满足感，提高营销的效果。错觉是普遍存在的心理现象，人们每天所掌握的信息有80%~90%都是通过视觉得来的，所以视错觉就变得非常常见（见图6-7）。

图6-6　知觉的理解性

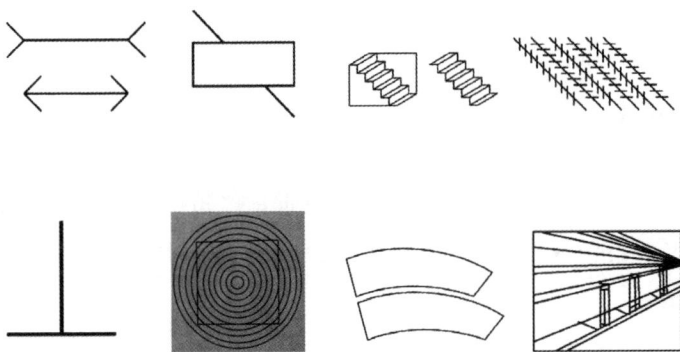

图6-7　视错觉

三、感觉与知觉的联系

如果在一家餐厅中有一个两岁的孩子突然发出尖叫，无论是他的父母，还是在餐厅就餐的其他客人，都会感觉到耳膜出现了明显的震动。虽然这个感觉对于所有人来说都是一样的，但是对于孩子的尖叫，父母可能觉得是悦耳的音乐，但陌生人却认为是刺耳的噪声，这是父母和陌生人对于同一个感觉刺激截然不同的知觉。

感觉和知觉的区别也由此而来，经由任意一种感觉获取到的信息，首先会传至丘脑，这是大脑的中转站。当感觉器官得到的信息到达丘脑后，感觉就形成了，例如人们感受到了一段声音或是几段光线，丘脑随后会将信号传递给大脑皮质（皮质是环绕大脑两个半球的布满神经细胞的褶皱结构），当信息到达皮质后，其就被大脑理解为一段特定的音乐，或是一种特定的形状，这就是知觉。

感觉和知觉既有联系又有区别。首先，知觉以感觉为基础，缺乏对事物个别属性的感觉，知觉就不会完整。其次，一旦刺激物从感官所涉及的范围消失，感觉和知觉就停止了。再次，知觉是对感觉材料的加工和解释，但它又不是对感觉材料的简单汇总。最后，感觉是天生的反应，而知觉则要借助于过去的经验。知觉过程中有思维记忆等的参与，因而知觉对事物的反应比感觉要深、要完整。

第二节　刺激物的展露

一、展露

展露是指将刺激物展现在消费者的感觉神经范围内，使其感觉器官被激活，感悟只需要把自己置于与个人相关的环境之内，并不一定要求个人接收到自己的信息。

对于消费者来说，展露并不完全是一种被动的行为，很多情况下是主动选择的结果。比如近年来，娱乐综艺节目非常引人注目，电视台不断地推出有趣的娱乐综艺节目。这些节目的收视率固然很高。但是研究结果表明，在广告插播期间，家庭的用水量突然增加，也由此说明，很多人并没有在播放广告的时候认真观看，相反，他们会避开广告，利用广告时间进行洗漱。有些人可能会通过购买会员资格，尽量避免观看广告。

为了提高产品和营销信息的展露水平，企业需要了解影响展露的因素。首先，广告等营销信息在媒体中的位置会影响展露水平。中央电视台新闻联播节目开始前和结束后播出的广告价格最高，原因是此时广告的展露水平最高；杂志封面广告或报纸的首页或末页广告，或与文章临近的广告，更可能展露在消费者的视线范围。其次，产品分销范围以及产品在零售店的货架位置会影响展露产品的分销，分销范围越广、在零售店占的货架空间越大，产品展露的机会就越多。同样，产品如果置于消费者腰部或与视线平行的位置，也将获取更多的展露机会。最后，将产品放在消费者必须经过或逗留的位置，展露水平也会相应增加。一些即兴购买的产品，如口香糖、小包装的休闲食品，放在零售店收银口，目的就是提高产品的展露水平。

二、感觉阈限与韦伯定理

（一）绝对阈限

绝对阈限（absolute threshold）是指特定感觉通道所能察觉到的最小的刺激量。绝对阈限的理解对设计营销刺激非常重要，例如，目标受众由远及近走向一块户外广告牌，介于能看到与不能看到之间的距离，就是绝对阈限。显然，放大户外广告牌文案中的字体能有效降低绝对阈限，从而使更多的人在更远的距离能够接收到广告信息。

（二）差别阈限

营销人员在价格调整、产品更新等营销环境中，还需要考虑的一个概念是差别阈限（differential threshold）。差别阈限是指感觉系统察觉到的两次刺激量之间的差别或者变化量。消费者对这两种刺激之间的差别的感受能力是相对的，在喧闹的大街上难以听清楚的低声谈话，如果在安静的图书馆中进行，一下子就变成了公开的和令人尴尬的高声谈话。

（三）韦伯定理

19世纪德国生理学家韦伯发现，引起注意所需要的刺激变化量与初始刺激的强度有关，引起注意的初始刺激越强，所需要的刺激变化量就越大，这种关系被称为韦伯定理。想一想在某个产品进行特价销售时，韦伯定理是如何起作用的。如果一个零售商认为降价幅度至少是原价的20%以上，才能对购物者产生影响，那么其会把售价为10元一双的袜子降价为8元来销售，而售价为100元一件的运动上衣，却不能只降价2元，必须将价格降至80元，才能产生同样的促销效果。

当营销人员需要对产品或价格做出改变的时候，应当遵循两个原则：一是正面变化要高于差别阈限，确保消费者能够知觉到变化的发生；二是负面变化要尽可能低于差别阈限，以降低消费者的知觉。

三、阈下知觉

有关感觉阈限的营销运用，还有一个具有争议的话题，就是阈下知觉（subliminal perception）。当刺激在阈限之下无法被意识到，所可能带来的无意识知觉，就是阈下知觉，如果在电影中插入一幅停留十几毫秒的图片，那么人们根本意识不到自己看到了。最著名的就是1957年在美国新泽西州的一个趣事，当时电影院正在播放一部电影，但是电影的胶片被处理过，加入了"请喝可口可乐""请吃爆米花"的广告语，只是这两条广告信息播放的时间是0.003s，以至于人们根本就没有觉察到。但是比较实验前后电影院周围的可口可乐和爆米花销量，人们惊奇地发现，爆米花销量上升了58%，可口可乐销量上升了18%。大多数消费者已经发现，潜意识的广告并不是真正的潜意识，相反这些图像和资料都是完全可以看到的。尽管如此，关于潜意识劝说行为的争论仍在持续，并且已经对公众的信念产生了重要的影响。公众认为，广告人员和营销者在操纵消费者的意识，让消费者做出了违背其意愿的事。

第三节　消费者的注意

我们生活在一个信息社会，可以从多方面来了解一件产品的信息。然而，消费者常常处于信息接收超负荷的状态，接触到的信息远远多于能够或者愿意加工的信息。信息冲击的主要来源是商业领域，并且持续不断地增强人们的注意力。

一、注意的概念及特征

（一）注意的概念

注意是指信息加工行为对特定刺激的投入程度，注意的分配根据刺激和接受者的特点而变化。由于认知能力的限制，在某一特定的时点，消费者不可能同时注意和处理所有展露在其面前的信息，只是部分地对某些信息予以注意。因此，注意实际上是对刺激物分配某种处理能力。也有学者将注意理解为意识的指向性和集中性。指向性是指消费者将预示指向某一营销对象，而离开其他对象；集中性是指消费者对特定营销对象倾注比较多的心理资源。[①]

（二）注意的特征

当消费者走进一家百货公司，展露在其面前的产品成千上万，但消费者对大部分产品视而不见，只把目光投向想要购买或者有兴趣的产品上，并对其进行信息加工和处理，这就是所谓注意的选择性。

注意的可分割性是指将心理资源分割成小的单元，并将它们同时分配到几项任务中。比如，可以一边看电视一边和旁边的人交谈，也可以一边看书一边听音乐，这说明注意力的分配具有一定的弹性。

注意的有限性是指可以同时将注意力放在几件事情上，但要做到"不顾此失彼"，前提是这几件事情是同时发生的且不需要付出太多的认知努力。注意的有限性有助于解释为什么当消费者来到一个新的店铺，更不容易注意到新的产品。因为消费者试图将注意力分散在多个不熟悉的事情上，很容易漏掉这些产品。

二、影响注意的因素

一条广告能够在消费者的记忆里存在多久？少则一分钟，多则一年。其中，绝大部分广告没有引起消费者的注意。企业要认真分析影响注意的各种因素，并在此基础之上，设计出能够吸引消费者的广告、包装、品牌等刺激物。一般来说，影响注意的因素可以分为刺激物因素、个体因素和情境因素。

（一）刺激物因素

刺激物因素是指刺激物本身的特征，如大小、颜色等。刺激物因素，企业是可以控制的。因此，在营销实践中，企业常常利用其来吸引消费者的注意。

1. 大小与强度

一般来说，大的刺激物比小的刺激物更容易引起人们的注意。比如，一张A4纸大小的宣传彩页会比一张名片大小的宣传卡片更容易被注意到。同样的刺激，强度越大，比如更大的声音、更明亮的颜色，越容易引起消费者的注意。

2. 色彩与运动

彩色的画面通常比黑白的画面更容易引起注意。比如，m&m豆就是利

---

① 彭聃龄, 张必隐. 认知心理学[M]. 杭州: 浙江教育出版社, 2004.

用色彩的因素来刺激消费者的。m&m豆开发出了红、橙、黄、绿等多种颜色的巧克力豆，明亮的色彩刺激了消费者的视觉（见图6-8）。具有动感的刺激物比静止的刺激物更容易捕捉人们的视线，比如路边的霓虹彩灯上滚动的红色字体，相较于静止的情况，这些运动的字会更容易引起消费者的注意。

图6-8　m&m豆的广告

3. 位置与隔离

物体处于个体视线范围内的不同位置，其吸引消费者注意力的程度会有所差别。一般情况下，位于视野正中的物体相较于位于边缘的物体更容易被人们注意到，这就是为什么超市货架的产品一般都倾向于放置在与消费者视线水平的货架上，并且此类货架的品牌竞争最为激烈。同样，印在右边纸张上的广告比印在左边纸张上的广告更容易引人注目。而报纸左上角的信息会比右下角的信息更容易被注意到。隔离是指某些特定的刺激物与其他刺激物的分割。隔离有助于吸引注意力，比如在报纸或其他印刷媒体上将大部分版面空下来，而不是用文字或图画填满，这就是运用隔离的原理来吸引注意力。

4. 对比与刺激物的新颖性

相较于那些与背景融为一体的刺激物，人们更倾向于注意那些与背景形成明显反差的刺激物，因为明显的反差会给人们造成认知的冲突，从而激活和提高信息水平。基于对比原理的技术在广告中得到了广泛的运用。刺激物的新颖性是指与人们的预期相差较大的画面内容或带音乐或其他声音的印刷广告，这些都有助于吸引消费者的注意。

5. 格式与信息量

格式是指信息展示的方式。通常，简单的、直接的信息呈现方式比那些复杂的信息呈现方式更容易吸引消费者的注意，那些缺乏明确的观点或者移动不当（如太快或太慢）的广告都会增加人们处理信息的难度，分散人们的注意。信息量作为一个刺激物因素，同样会影响消费者的注意程度。给消费者提供过多的信息，会使其处于信息超载状态，在超载状态下，消费者会产生挫败感和沮丧感，从而降低信息处理的水平。

（二）个体因素

个体因素是指个体的特征，它们通常是企业不能够直接控制的。这些因素主要有需要与动机、态度、适应性水平。

1. 需要与动机

当处于某种需要的时候，消费者才能够对满足这种需要的刺激特别关注，比如饥肠辘辘的人会关注与食品有关的信息、计划外出旅行的人会关注与度假有关的信息、喜欢户外运动的人会关注与运动产品相关的信息。因此，当消费者的某种需要被激发时，与满足该需要相联系的刺激物会备受关注。

2. 态度

根据认知一致性理论，人们倾向于保持内心与行动相一致。认知系统中的不一致将引发心理的不安和紧张，出于趋利避害的考虑，消费者更倾向于接纳那些与其态度相一致的信息，比如，吸烟者对香烟广告可能处于一种注意状态，而不吸烟者或对吸烟有反感的人可能对这类广告没有兴趣或视而不见。

3. 适应性水平

人们对非常习惯的事物可能习以为常，不再注意。典型的事例就是当人们从安静的郊区搬到喧闹的市区时，起初可能会对噪声不适应，但是过了一段时间后就会慢慢适应，对噪声不再敏感。这种现象同样发生在营销领域，虽然广告很新颖，但若总是重复播放该广告，时间一长，其营销的效果也会下降。只有在内容和形式上不断发生改变，才能使消费者在较长时间内保持对该广告主题或产品的注意。

（三）情境因素

情境因素既包括环境中独立于中心刺激物的那些成分，又包括暂时性的个人特征，如个体当时的身体状况、心理状况、情绪等。一个十分忙碌的人比一个比较空闲的人可能更少会注意到呈现在其面前的信息；处于不安或不愉快环境中的人会注意不到很多展露在其面前的信息，其可能更想尽快从目前的情境中逃离。

三、注意在营销活动中的应用

智能手机、平板电脑、笔记本电脑为人们提供了大量的信息，现代人面临着越来越多的信息过载。智能手机占据了消费者大量的媒体阅读时间，其中，新闻社交APP上充斥着海量的信息，使消费者的注意力越来越碎片化。媒体的多任务处理会影响注意力的深度，进而影响学习和记忆，倾向于使用微信与人交流的学生，需要更长的时间才能完成阅读任务，他们并没有从多任务中受益。

移动互联网和智能终端的普及对营销人员提出了严峻的挑战。屏幕空间的缩小令消费者对营销信息更加反感，多屏幕的使用习惯分散了营销资源；多任务处理使消费者的注意力更加涣散，使消费者对接触营销刺激越来越不耐烦。营销人员需要针对移动互联网时代的注意特征做出如下调整。

（一）内容植入

广告界人士喜欢使用"硬广"和"软广"这样的行话来表示营销信息融入媒体内容的程度。越来越多的手机视频APP用户通过购买会员的方式，去除印签广告和插播广告，因此营销人员开始主动软化信息广告，通过娱乐节目、电影、电视剧，甚至公众号文章植入的方式，将营销信息嵌入用户的屏幕。

（二）快速引起兴趣行为

经济学家贝纳茨在《屏幕的聪明决策》一书中指出，消费者在接触品上的认知决策更加快速、冲动。他认为，在触摸屏上，人们用速度取代深度。比如，某交友软件提供了一种触摸屏手势，帮助用户进行快速匹配。当屏幕出现一张推荐交友头像的时候，如果不感兴趣，则向左滑；感兴趣，就向右滑。简单的操作方式能够让感兴趣的用户迅速开始聊天交友。

（三）激发互动和分享

人们对触摸屏上有互动机会的内容更加感兴趣，弹幕视频、网站直播答题、对战、手游等产品能够成功引起消费者的注意，就是因为其具有互动和可分享性。

第四节　消费者的理解

知觉具有很强的主观性，消费者的大脑并不会仅仅满足于"感觉"或"注意"到客观刺激的存在，知觉的过程直到消费者形成对客观刺激的主观印象才会完成。知觉的最后一个环节是理解。

一、理解的概念与特征

（一）理解的概念

理解是个体赋予刺激物的意义。对于完全相同的客观刺激，不同的人会给出不同的解释，就像前文提到的例子，对于孩子的尖叫，父母可能觉得是悦耳的音乐，但是陌生人却觉得是刺耳的噪声。对于同样的商品，消费者的知觉也可能完全不同，例如臭豆腐，有的消费者非常喜欢它的味道，有的消费者却避而远之。消费者两极化的评价恰恰说明了知觉中理解的重要性。一项研究表明了期望理解的作用。吃过装在麦当劳纸袋中的法式炸鸡的儿童认为，这些炸鸡比装在普通纸袋中的炸鸡好吃得多，甚至装在麦当劳纸袋中的胡萝卜也比装在普通纸袋中的胡萝卜更好吃，一半以上的儿童更喜欢装在纸袋中的胡萝卜。[①]

（二）理解的特征

首先，理解具有相对性。当消费者看到了高档的产品之后，也许会觉得商店里的平价商品没有想象中的那么贵，这也能解释为什么一些百货公司会把珠宝、高档化妆品等高价产品放在第一层。

其次，理解具有主观性，且容易伴随心理偏见或偏差。一些高品质的新产品，其定价会比同类的竞争品低，但有时也会被消费者错误地解读为品质也低于竞争产品。

---

① 所罗门. 消费者行为学[M]. 卢泰宏, 杨晓燕, 译. 10版. 北京: 中国人民大学出版社, 2015.

二、影响理解的因素

（一）个体因素

动机会影响个体对刺激物的理解。在一项实验中，实验者将模糊的图画呈现给被试者并要求他们指出图画中画的是什么。越是饥肠辘辘的被试者，越将其想象成与某种实物有关的东西。由此说明，动机直接影响消费者对刺激物的理解。不仅如此，动机还影响理解过程中个体对信息加工的深度。如果刺激物被认为与达到某种目的或实现某种利益有关，它越有可能激发各种联系和想法，此时信息加工深度被提高。

（二）刺激物因素

首先，刺激物的实体特征。刺激物的实体特征，如大小、颜色等，对消费者如何理解刺激物有着重要的影响。如苹果计算机公司最初将功能更强但体积更小的计算机推向市场时，很多消费者难以相信这一事实，于是其不得不发起一场名为"它比看起来要大得多"的推销活动。消费者在理解过程中，颜色也是重要的线索。在西方国家，红色被认为是血腥的；然而在中国，红色却被认为是喜庆的。在美国，橙色被认为很廉价。一家快餐连锁店，为了突出其食物物美价廉，在店内店外装修中都更多地引入橙色，结果销量增加了7%。包装和品牌名与消费者对刺激物的理解也有密切的联系，如经营一家食品杂货店的人员发现，将新鲜的鱼处理后，用塑料袋包起来，会被消费者误认为鱼不新鲜。在超市中经常可以看到，解冻的海鲜被放在冰上，这可以让消费者以为这些海鲜是非常新鲜的。

其次，语言与符号。语言和符号作为刺激物的一部分，对信息的最终理解也产生了重要的影响。同样的语言或符号，在不同情境和不同文化背景下，其含义可能截然不同。例如，对于降价销售，如果从字面意思上理解，指的是使商品的价格降到正常价位以下销售。对于食品的降价销售，消费者可能认为这些食品已经临期。因此，区分字词的字面意思与心理含义非常重要。越通俗的语言，越容易被理解和记住；否定词或否定语较肯定语更难以被理解；被动语态较主动语态更容易被误解。

最后，次序。次序对理解的影响有两种：一种是首因效应，另一种是近因效应。首因效应是指最先出现的刺激物会在理解的过程中被赋予更大的权重，而近因效应是指最后出现的刺激物更容易被消费者记住，在解释中被赋予更大的权重。在刺激物呈现或信息传播过程中，到底是出现首因效应还是近因效应，会根据情境不同而异。

（三）情境因素

一些情境因素，如饥饿、孤独、匆忙等暂时的个人特征和气温、人数、外界干扰等外部环境特征，都会影响个体对信息的理解。例如，可口可乐公司和通用食品公司会在不同的新闻节目之后播放其视频广告，他们认为新闻中的坏消息可能影响受众对其广告与食品的反应。可口可乐公司负责广告的总经理指出："不在新闻节目中做广告，是可口可乐公司的一贯政策，因为新闻中有时会有不好的消息，而可口可乐是一种助兴和娱乐的饮料。"

三、理解在营销活动中的应用

知觉图是消费者对某一系列的产品或品牌知觉和偏好的形象化描述，目的是尝试将消费者或潜在消费者的感知用直观形象化的图像表达出来。知觉图显示各品牌在消费者心中的印象差异，坐标轴代表消费者平价品牌的特征因子，图上各点对应市场上的主要品牌，而在图中的位置，代表消费者对其在各个关键特征上表现的评价。知觉图可以是多维的，但通常情况下是二维的。如何绘制和解释知觉图至关重要。

例如，在图6-9中，品牌知觉定位图显示了消费者对于不同品牌的汽车的感知情况。在这个例子中，消费者觉得保时捷914是在所研究的汽车中最运动、最高级的，普利茅斯Voyager是最实用和最保守的。对于消费者来说，位置靠近的品牌，在相关维度上是相似的。消费者认为，别克Park Avenue、克莱斯勒LHS和Oldsmobile LSS是相似的。这几个品牌存在紧密的竞争关系，形成了竞争组群。当新的车型进入市场时，企业通常会挑选在知觉图上没有其他竞争对手的位置进入。

时髦、著名、独特

沃尔沃 850R ■   ■ 奔驰 400SE
                    TM2   保时捷 914

克莱勒斯 LHS ■   ■ 凌志 LS400   ■

别克 Park Avenue ■   ■ 吉普切诺基 ■
奥兹莫比尔 LSS   ■ 讴歌 Integra
           本田雅阁 ■   ■ 福特金牛
                        土星 SC2 ■

沉闷、保守、旧式   有趣、运动型、快捷

尼桑 Sentra ■
                            TM1

普利茅斯 Voyager ■ TM3
道奇大篷车 ■   ■ 本田 Civic

                道奇 Noon

实用、普通、经济

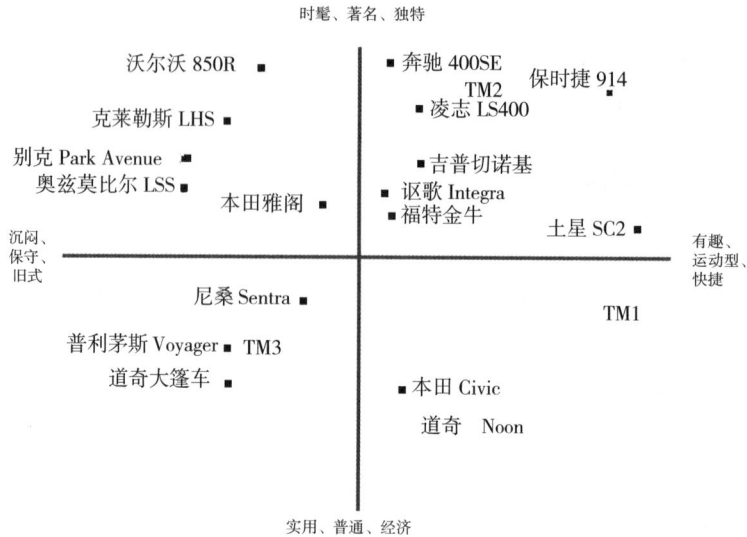

图6-9 汽车品牌的知觉图

第五节 知觉风险和对应策略

一、知觉风险的概念及类型

（一）知觉风险的概念

知觉风险，实际上就是在产品购买过程中，消费者因无法预料其购买结果的优劣而产生的一种不确定性的感觉。在产品购买过程中，消费者可能会面临各种各样的风险，这些风险有时会被消费者感受到，有时则不一定会被感受到；有时可能会被夸大，有时则可能会被缩小。因此，知觉风险与实际风险可能是不一致的，而且两者甚至还会出现比较大的差距。

有学者认为，知觉风险理论的研究，其基本假设在于消费者的行为是目标导向的，在每一次购买时，都有一组购买目标。当消费者主观上不能确定何种消费（地点、产品、品牌、式样、大小、颜色等）最能配合或满足其目标，即产生了知觉风险；或者是在购买行为发生后，因结果不能达到预期的目标而可能产生不利后果，也带来了知觉风险。

（二）知觉风险的类型

知觉风险可以被分为以下几种类型。

1. 功能风险

功能风险是指产品不具备人们所期望的性能或产品性能比竞争品差所带来的风险。比如电动汽车的实际里程数比汽车品牌所宣称的少、化妆品实际使用效果不如产品宣称的效果好，这些都属于功能风险。

2. 经济风险

经济风险是指担心产品定价过高或产品有质量问题，而招致经济上蒙受的损失所产生的风险。比如，在"双十一"前去购买产品，可能会比"双十一"去购买产品价格高。

3. 物质风险

物质风险是指产品可能对自己或他人的健康与安全产生危害的风险。例如，食品的营养与卫生标准是否达到了法律所规定的要求、转基因食品是否会对人体健康产生危害等，消费者的此类担心均属于物质风险的范畴。

4. 社会风险

社会风险是指因购买决策失误而受到他人嘲笑、疏远而产生的风险。例如，家人和朋友如何看待我的选择？购买的产品是否会被渴望加入的群体人员接受和欣赏？对这类问题的关注和担心属于社会风险。

5. 心理风险

心理风险是因决策失误而使消费者的自我情感受到伤害的风险。对所购买的产品是否适合自己、是否能体现自己的形象等一类问题的担心属于心理风险。

二、知觉风险产生的原因

知觉风险是消费者对其购买活动的结果存在不确定感，因此凡是导致这种不确定感的因素，就构成了知觉风险产生的原因。

当消费者购买的是新产品，或对所要购买的产品以前没有体验，在大多数人看来，新产品或没有体验过的产品存在很大的不确定性。这种感觉既和以往的经验、知识有关，又与人们更习惯于现有状态和现有事物的心态有关。

以往在同类产品的购买与消费过程中有过不满的经历，也会让消费者容易产生知觉风险。所谓"一朝被蛇咬，十年怕井绳"，一旦以前消费者在购买过程中遭遇过不愉快的购买经历，就会心有余悸，从而对当前的购买产生不确定感。

在购买中，机会成本的存在也会增加消费者的知觉风险。任何购买和选择都是以放弃另外一些购买或选择为代价的。比如，当你选择了某一品牌的空调，就放弃了对其他品牌空调的购买。此时，消费者对是否做出了明智的选择，或是否应该做出其他的选择，并没有十足的信心和把握。

因缺乏信息而对购买缺少信心，也会增加消费者的知觉风险。在购买决策过程中，如果对备选的产品有充分可靠的信息，那么不确定感就会很少，甚至不会存在不确定感，决策也就很容易做出。相反，如果信息不全或者认为手头的信息不可靠，则风险感就会骤然升高。

所购买的产品技术复杂程度越高，消费者的知觉风险也会越高。一般来说，对于技术复杂程度高的产品，人们往往难以比较不同备选品牌之间的差异，这势必会增加后果的不确定性。

三、知觉风险的应对策略

一旦感知到有风险存在，消费者就会想尽一切办法去降低这种风险。消费者应付知觉风险的方式是多种多样的，并且不同的个体在应付同一种知觉风险时所采用的策略也是不一样的。

（一）主动搜集信息

当对被选择的后果存在不确定感或者缺乏信息的时候，很多消费者会主动通过外部获取信息，因为更多的信息能增强选择后果的可预见性和确定性。消费者获取信息的渠道很多，但知觉风险越高，消费者越有可能更多地依赖于个人信息源和从口头传播所获取的信息。

（二）保持品牌忠诚

在存在购买风险的情况下，从外部搜集信息无疑有助于降低风险，但信息的搜集是需要成本的，这些成本既包括时间成本，也包括金钱和精力的投入。如果消费者对现有品牌比较满意，那么其可以通过重复选择该品牌（也就是形成品牌忠诚）来避免由于选择新品牌而带来的风险。

（三）依据品牌与商店形象

知名的品牌或有影响力的商店，不仅消费者众多，而且其本身所构成的指示线索，也有助于降低消费者的风险。

（四）购买高价产品

价格常常被消费者作为产品质量的指示器，因此不少消费者秉持"便宜没好货"的原则对产品的质量做出判断。虽然这种判断不一定总是正确的，但是很多消费者仍然有意无意地在价格与质量之间建立这种联系。

（五）寻求商家保证

如果企业或卖方通过保修、包换、包退、包赔等方式对产品或服务提供保障，那么消费者的风险就会一部分或者完全转移了。线上购物的7天无理由退换货，就是通过这种方式来减少消费者的知觉风险的。

（六）从众购买

根据大多数人的选择来做出购买决定，是很多消费者减少知觉风险的常用办法。在消费者看来，很多人采用同一产品或做出类似的购买决定，一定是有其合理的基础的，即使这种决策不是最好的，但也不会是最差的。

【思考题】

1. 简述消费者动机的形成过程。

2. 简述马斯洛需求层次理论。

3. 简述双因素理论。

4. 针对双趋冲突，营销人员应该如何做？举例说明。

5. 举例说明趋避冲突，并阐述相对应的营销策略。

第七章　消费者学习与记忆

【本章目标】

1. 了解消费者学习的概念和方法。
2. 理解经典条件反射理论和操作条件反射理论的概念和应用。
3. 掌握消费者记忆的概念和分类。
4. 培养利用消费者学习和记忆的相关理论设计营销策略的能力。

第一节　消费者学习

一、学习的概念

心理学研究发现，人和动物的行为可以分为两类：一类是本能行为，另一类是后天习得行为。本能行为是通过遗传而获得的种族经验，例如，老鼠生来会打洞、鸭子天生会游泳。习得行为是人类和动物在后天适应环境的过程中，通过学习而获得的经验，例如，猴子会做算术题、小狗会钻火圈，这些都是动物经过后天学习而获得的行为。在日常生活中，人们通过学习获得大部分的价值观、行为偏好、态度、象征意义等。同时，家庭、学校、社会文化也为人们提供了各种学习体验，这些体验影响了人们所追求的生活方式和消费的产品。

所谓学习，是指人在生活过程中，因经验而产生的行为或行为潜能的相对持久的变化。

首先，学习是以经验为基础的。通过学习，人们可以不断地获得新的知识和实际经验，这些新获取的知识和经验反馈给个体，并成为其在将来类似情境中做出某种行为的基本依据。

其次，学习是指行为改变的历程，而不是学习后行为表现的结果。例如，学习开车后会驾驶汽车在马路上安全行驶这一结果不能称之为学习。但是从原来不会开车到后来学会了开车中间所经历的全部过程，可以称之为学习。

再次，学习带来的行为改变是练习的结果。在学习历程中，行为会发生改变，但只有行为改变，不一定就是学习。因为成熟因素也可以使个体行为发生改变。例如，随着婴儿年龄的增加，会做出爬行、走路、站立、跑步等各种身体动作。婴儿的这种行为改变不能够看作学习，而主要是成熟的结果。因此，较为持久的改变才是界定学习行为的一个重要因素，因为有些行为的改变虽然明显，但只是暂时的，一旦原因消失，立即恢复原状，如疲劳与药物效应，都属于这种情况。

最后，学习带来的改变不一定都有积极的意义。定义中的"改变"一词既可指原有行为发生的新变化，也可以是新的行为所产生的，还可以是两者的交互作用。无论怎样改变，行为并不代表任何价值和意义。从教育或道德的观点来看，行为有好坏之分；但从学习心理学的观点来看，由坏变好或者由好变坏，同样都是学习的结果。

二、消费者学习的方法

（一）模仿法

模仿就是仿效和重复别人行为的趋向，它是消费者学习的一种重要方法。一些明星的发型、服饰，甚至生活方式之所以很快会在某些人群中流行开来，就是由于模仿使然。模仿可以是有意的、主动的，也可以是无意的、被动的。当被模仿行为具有榜样的作用，社会或团体又加之以提倡时，这种模仿就是自觉进行的。

（二）试误法

试误法又被称为尝试错误法。它是指消费者通过尝试与错误，从而在一定的情境和一定的反应之间建立起连接。消费者渴了的时候可以喝茶、咖啡、可乐、矿泉水，也就是说，可以做出多种不同的反应。但是经过多次尝试发现，做出某种特定反应能获得最满意的效果，于是该种反应与这一情境的连接就会得以保存。如果在今后的行为练习中得出此种反应之后，总是伴随着满足，则连接的力量就会增强；反之，若伴随的是不满和烦恼，连接的力量就会减弱。

（三）观察学习法

观察学习法是指消费者通过观察他人的行为，获得示范行为的象征性表象，并做出或避免做出与之相似的行为过程。在消费过程中，消费者会自觉或不自觉地观察他人的消费行为，并以此指导自己的消费实践。观察学习是个体突破直接经验的限制，获得来自间接经验的知识观念和技能的方式，它是消费者普遍采用的学习方法。

第二节　消费者学习相关理论

消费者学习的相关理论可以分为刺激—反应性理论和认知行为性理论。刺激—反应性理论包括经典条件反射理论和操作条件反射理论。因其在营销中使用得最为广泛，本书着重介绍这两种理论及其营销应用。

一、经典条件反射理论及其营销应用

（一）经典条件反射理论

经典条件反射是指将一种能够诱发某种反应的刺激与另一种原本不能够单独诱发这种反应的刺激相配对。随着时间的推移，因为与能够诱发反应的第一种刺激相连接，第二种刺激会引起类似的反应。

现在我们来看看经典条件作用的实验，如图7-1所示，实验者把狗用一副套具固定住，唾液是用连接在狗颚外侧的管道收集的，管道连接到一个既可以

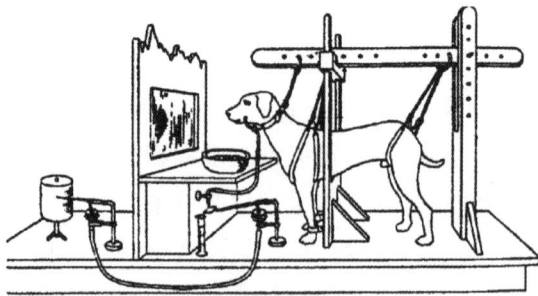

图7-1　巴甫洛夫的实验过程

测量以立方厘米计的总量也可以记录分泌的滴数的装置。如前所述，当狗嘴里有食物时，会产生分泌唾液的反应。这种反应是本能固有的，巴甫洛夫把这种食物称为无条件刺激，简称"UCS"；把反射性唾液分泌称为无条件反射，简称"UCR"。为了使狗对某一种刺激（如铃声）形成条件作用，把这种原来只会引起探索性反射的中性刺激（即铃声）与无条件刺激（即肉）配对。经过一系列配对尝试后，单是发出铃声，不提供肉，也能引起狗产生唾液分泌。在这种情况下，铃声就成了条件刺激，简称"CS"，铃声引起的唾液分泌就是条件反射，简称"CR"。由此可见，条件反射仅仅是由于条件刺激与无条件刺激配对呈现的结果。

狗能够对食物自然而然地分泌唾液，此时巴甫洛夫将食物看作非条件刺激（US）、唾液分泌看作非条件反应（UR），并将两者的关系称为非条件反射。而如果在提供食物之前的几秒钟发出一些作为中性刺激（NS）的声响，将会使得这个声响转变为条件刺激（CS），能够单独在没有食物的状况下引起作为条件反应（CR）的唾液分泌，两者的关系则被称为条件反射。

（二）营销应用

经典条件反射理论已经被广泛应用于市场营销实践中。在营销实践中，经典条件反射理论一般通过重复、刺激的泛化和刺激的辨别三种方式来实现。

1. 重复

在条件刺激和非条件刺激多次相互配对之后，条件作用效果就可能发生，反复的暴露（比如重复）增强了刺激和反应之间的联系，并防止这种连接在记忆中淡化。一些研究指出，刺激之间的间隔可能会影响这种策略的效果，以及所使用的媒体类型。最有效的重复策略是间隔刺激的结合，交替使用不同介入度的媒体，例如把印刷广告作为电视广告的补充。

2. 刺激的泛化

刺激的泛化是指与条件刺激相似的刺激往往会引起类似的条件反应。

人们对其他类似刺激的反应方式与他们对最初刺激的反应方式相似。名创优品作为一个国内零售品牌的经销商，其logo设计与日本的无印良品非常相似。消费者在最初看到名创优品时，会将其和无印良品联系在一起。实际上，一项关于洗发水品牌的研究表明，消费者往往认为包装相似或logo相似的产品具有类似的质量和使用功效。这种策略对原有品牌具有双重作用：当仿制品的质量比原有品牌质量差时，消费者会对原有品牌产生积极和强烈的感情；当二者质量相差不大时，消费者就会觉得他们付给原有品牌的额外价格不那么物有所值。

3. 刺激的辨别

刺激的辨别是指当受到类似于条件刺激的刺激时，非条件刺激的行为不会发生。当刺激辨别启动时，反应会减弱并很快消失。学习过程有时要求对一些刺激做出反应，而对另一些刺激不做出反应。知名品牌制造商常常会劝消费者不要购买那些廉价的仿制品，因为仿制品的质量不是消费者所期望的。在矿泉水市场，百岁山强调自己是水中贵族，凸显尊贵感；娃哈哈强调水质纯净透明；自在强调的是纯净。每个品牌的广告语都向大家传递自己的与众不同，这就是刺激的辨别。

二、操作条件反射理论及其营销应用

（一）操作条件反射理论

操作条件反射（operant conditioning），亦称"工具性条件反射"，是由美国行为主义心理学家斯金纳于20世纪30年代在经典条件反射的基础上创立的实验方法。为了研究动物的学习行为，他采用精确的测量习得反应技术设计了一种由动物进行操作活动的实验箱（通常称斯金纳箱，见图7-2），用来测定动物完成压杆或按键活动的特定反应。

斯金纳通过实验发现，动物的学习行为是随着一个起强化作用的刺激而发生的。斯金纳把动物的学习行为推而广之到人类的学习行为上，他认为虽然人类学习行为的性质比动物复杂得多，但也要通过操作性条件反射。操作性条件反射的特点是：强化刺激既不与反应同时发生，也不先于反应，而是随着反应发生。

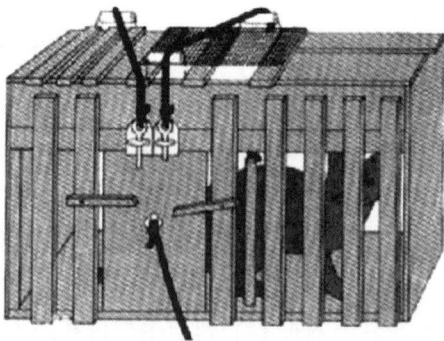

图7-2　斯金纳箱

有机体必须先做出所希望的反应，然后得到"报酬"，即强化刺激，使这种反应得到强化。学习的本质不是刺激的替代，而是反应的改变。斯金纳认为，人的一切行为几乎都是操作性强化的结果，人们有可能通过强化作用的影响去改变别人的反应。在教学方面教师充当学生行为的设计师和建筑师，把学习目标分解成很多小任务并且一个一个地予以强化，学生通过操作性条件反射逐步完成学习任务。

操作条件反射发生的方式有以下三种：

第一，当环境通过给予奖励的方式提供正强化时，反应就得到加强，并使个体学会适当的行为。例如，一位女性在喷洒香水后得到称赞，她就知道使用这款产品有理想的效果，从而更有可能继续购买这款商品。

第二，负强化同样能够使反应得到加强，以便学会适当的行为。一家香水公司可能会播放这样一则广告：一个妇女周六晚上不得不待在家里，因为她没有使用这个公司的香水。这则广告想表达的是，这个妇女只有使用了这个公司的产品，才能避免这种消极结果的出现。在负强化中，人们会为了避免不愉快而去做某些事情。

第三，惩罚是指不愉快事情发生后的反应。比如，喷洒了不合时宜或者难闻的香水之后被同事、朋友嘲笑，人们通过这种难堪的事件学会了不要重复这些行为。

（二）营销应用

对于营销者来说，要想确定什么是最有效的，强化程序很重要，因为这与为了奖赏消费者从而产生理想的行为、所付出的努力和投入的资源数量有关。

1. 固定时距强化

固定时距强化是指在规定的一段时间后做出第一个反应就会带来奖赏。在这种情况下，在刚得到强化后，人们的反应一般会变缓，但是当下一次强化的时间来临时，人们的反应会加快。

2. 不定时距强化

不定时距强化是指在强化之前所必需的时间内，故意在某一个平均值上下变化，因为个体不确切知道什么时候可以得到所期望的强化，所以反应必须保持一定的速率。零售商聘用的所谓秘密购物者依据的就是这一逻辑，这些秘密购物者会不定期装扮成顾客来测试服务质量，而且店主永远不会确切地知道何时会碰到这种拜访。因此，为了以防万一，必须时刻保持高质量的服务。

3. 固定比率强化

固定比率强化是指个体只有完成一定数量的反应后，强化才会发生。这个程序激励人们不断地重复同一种行为，例如，一个消费者为了搜集到获奖所需的50张赠券而不停地在同一杂货店购物。

4. 不固定比率强化

不固定比率强化是指个体在完成一定量的反应后会获得强化，但其并不知道需要反应多少次。在这种情况下，人们反应的速率非常高且稳定，并且这种类型的行为难以消退。盲盒对消费者的巨大诱惑力就在于此，其利用这一强化程序促使人们不断地去购买盲盒，以获得限量款或隐藏款商品。

第三节 消费者记忆

一、记忆的概念和类型

（一）记忆的概念

记忆包含获取存储和提取信息的过程，本质上，消费者的记忆反映了消费者对于产品、服务、消费体验等的知识和经验。消费者的记忆对象可以是商品体验，也可以是消费者的态度和评价。具体来说，人们可能能记住用过的品牌产品和服务，这些品牌产品和服务的特点包括人们在哪里、什么时间、和谁一起购买或使用过这些产品，以及是否喜欢这些产品。人们也可以记住一些已经不再拥有的旧产品，比如小时候的玩具。还可以记住一些特殊的场景，比如过生日时和好朋友一起去听演唱会。人们存储在记忆里的这些信息有多种多样的来源，包括营销广告、媒体口碑和个人体验等。

对于记忆的研究通常采用信息加工模型，也就是把消费者的大脑当作计算机记忆的过程，包括信息编码、信息存储和信息提取三个阶段。如图7-3所示，在信息编码阶段，信息以一种可以被系统识别的方式进入大脑；在信息存储阶段，人们把信息与记忆中的其他知识结合起来，并保持在记忆中；在信息提取阶段，人们在记忆中寻找需要的信息。

很多经验都会被人们存储在头脑中，当有一些线索提醒人们的时候，这些经验就可以浮出水面。人们的消费选择或多或少都会受到之前关于一些产品和

信息输入 → | 感觉存储 | →排演→ | 工作记忆（短时存储） | →编码→ | 长时存储 | → 提取

遗忘；缺失　　　　　　遗忘；缺失　　　　　　遗忘；缺失

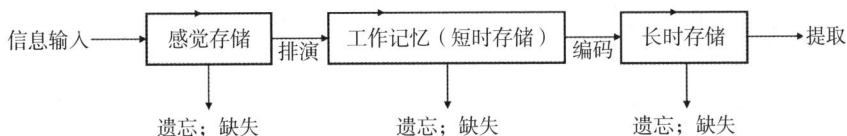

图7-3　记忆的过程

服务的记忆的影响。在购买产品时，消费者常常会把大脑中的记忆与外部的线索整合在一起来决定是否购买，这些记忆包括与产品相关的所有线索及各个营销环节中存在的其他信息。在很多中国消费者的心中，脑白金的电视广告最为耳熟能详。两位常年在电视里舞动的老人，根据时间、季节更替，穿着不同风格的衣服，形象憨厚可爱，一边舞动着一边配上朗朗上口的广告语"今年过节不收礼，收礼只收脑白金"。当消费者站在超市的货架前准备选择时，顺手拿起的一件产品很有可能就是自己熟悉的，即便根本记不得在哪里看过这个广告。

（二）记忆的类型

记忆主要分为三大类：感觉记忆、短时记忆和长时记忆。

1. 感觉记忆

设想在一次聚会中，你正在与身边的人聊天，忽然听到不远处有人聊起你很想去看的新电影。这时为了不显得唐突，你可能会继续和身边的人谈话，但是其实你内心非常想听一听其他人在聊的内容，虽然你不可能同时在两边的对话中都集中注意力，但你可以关注并意识到另一段对话的片段，也就是说，你可以一边跟身边的人聊天，一边注意到关于电影的对话，特别是当其他人提到"精彩"这个词的时候。

本书将这种短暂的、即时的存储起来的记忆，称为感觉记忆。当外部刺激直接作用于感觉器官产生了感觉之后，虽然刺激的作用停止了，但是感觉仍然可维持片刻；感觉滞留，表明感觉信息可以被瞬间存储。由于感觉记忆的作用时间比短时记忆更短，故又被称为瞬时记忆。

在感觉记忆中，存储的信息通常是以感觉的形式存在的，比如当你听到"美丽"这个词，你会把这个词以声音的形式存储，因此对它的记忆是精确的，而不是"美丽"的某个同义词。但是如果你把"美丽"这个词按照意义来存储，就很容易产生混淆。比如，你可能错误地将这个词记忆成"漂亮"。按照声音存储就是感觉记忆，按照意义存储则不属于感觉记忆。感觉记忆保持的时间十分短暂，从几十毫秒到几秒不等，如果个体认为感觉记忆中的信息有异

121

议，便会进一步加工这些信息，使其进入短时记忆中。

2. 短时记忆

人们要首先获得外部信息才能加以存储，而得到外界信息必须通过感觉和知觉，因此感觉记忆常常被视为记忆系统的开始阶段。而短时记忆包括记忆中被我们编码或者理解的那部分信息，对信息的知晓和理解都发生在短时记忆阶段。比如，读书的时候，感觉记忆只能临时存储你看到的每个字和图像，但是当你需要理解你所看到的内容时，则要用到短时记忆。短时记忆非常重要，绝大多数的信息加工和处理发生在短时记忆中。

短时记忆中的信息可以以多种形式存在，当人们想到某种产品，比如笔记本电脑，可以用语义代码来记录它，把它表示成"笔记本电脑"这个词语；也可以用感觉代码来表示它，包括电脑的外形、电脑的显示、电脑键盘的使用感觉。用感觉代码来记录一个事物，常常包含视觉、听觉、嗅觉、触觉、味觉等多渠道的感觉信息，这些信息大多按照事物的原有形式加以保持，按照刺激的物理特性进行直接加工和处理。

3. 长时记忆

长时记忆是真正的信息库，有着巨大的容量，并能长期保持信息。短时记忆中的信息经过不断的重复和充分的加工之后，进入长时记忆，自此便可在头脑中保持很长的时间。它就像一个巨大的图书馆，保存着人们将来可以运用的各种知识和信息。研究者认为，长时记忆是一种无限的、永久的记忆。长时记忆包括两种：情景记忆和语义记忆。

情景记忆代表关于人们自己和自己过去的知识。它包括过去的经历及和这些经历相关的情绪与感觉。这些记忆大多包含各种感觉信息，虽然常常会伴随一些声音、气味、触觉等方面的信息，但主要是一些视觉图像。此外，很多消费体验（比如话剧、演唱会）和处置某件商品的过程（比如丢掉已经破烂的牛仔裤）也会被存储在记忆中。每个人都有自己特有的经历和体验，所以情景记忆往往是个性化的。

记忆中存储的很多信息并不是关于某些特定经历的，比如知道智能手表代表了一种新型的通信工具，用它可以打电话，记录自己的运动过程、睡眠。这些知识适用于所有的智能手表，并不专门属于某一特殊的智能手表品牌。关于世界的很多知识都独立于某一具体场景，因此称之为语义记忆。

情景记忆和语义记忆不仅存储的信息不同，而且在其他方面也有区别，如情景记忆以一个人的经历为参考，以时间、空间为框架，容易受到干扰；而语义记忆则以一般知识为参考，很少变换，比较稳定。

二、记忆的存储与提取

记忆的信息按照一定的线索存储在大脑里，这些信息可能是规则、表象、相似的符号，也可能是规范或个性化的定义。人类的记忆是由相互连接的点组成的。

在联想网络里，每个节点代表着特定的含义，可能是属性，也可能是品牌，还有可能是与之相关联的其他产品，相互关联的记忆构成了记忆网络，如果以奥黛丽·赫本为起点制作一个联想网络图，我们可以看到还有很多其他的信息显露出来（见图7-4）。

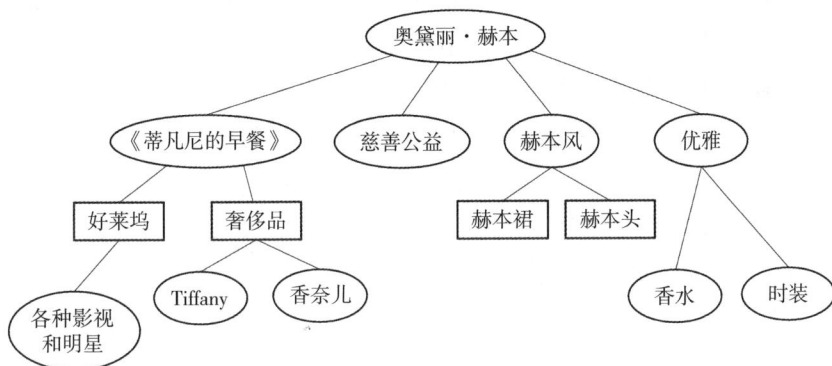

图7-4 Tiffany和奥黛丽·赫本的联想关系

三、增强消费者记忆的技巧

营销的一大目标就是帮助消费者记住品牌及产品投入，充分的注意力是形成记忆的重要前提。为了让品牌及产品从消费者的短时记忆转移到长时记忆，营销者要想方设法让消费者主动去关注这些信息。下面介绍三种提高消费者记忆的技巧。

（一）依存性提取

研究结果显示，如果同学们在平时上课的教室中参加考试，通常会在考试中有更好的表现。这是因为，如果回忆时的内心状态与获取这一信息相同时，从记忆中提取的信息会变得更加容易、顺畅。在营销环境中，营销者应当努力去唤起消费者在购物或使用产品情境中的相同情绪，这样一来，在购物环境中，消费者就很容易想到这款产品。比如，在百事可乐、雪花纯生啤酒等大量的广告中出现了聚会、KTV、酒吧等欢乐场景，并创造出与快乐相关的广告词，比如"开盖有惊喜"。这些精心的设计都是为了唤起消费者愉悦的心情，使消费者在类似场景中有快乐体验时，更容易想到这些饮品。

（二）增加广告曝光率

让消费者对产品充分地熟悉，需要增加广告的曝光率，使消费者更容易回忆起这款产品。研究发现，当一个事物重复出现时，人们对它的喜欢程度就会在潜移默化中增强，因此适当增加广告的曝光度，有利于提升品牌在消费者心目中的形象。此外，曝光度的增加也可以促使消费者形成更加深刻的印象。但这一做法的弊端在于：长此以往，消费者可能不再关注相关信息，因为他们觉得自己已经不能在广告中获取新的知识。想要解决这一问题，可以采用制作系列广告的方法，用几段广告拼凑成一个完整的故事，或者选用不同的场景，完成一系列的广告。农夫山泉的广告采用的正是这样的方法，广告中选取了千岛湖、长白山、贵州等不同的取水地，通过讲述不同的故事来展示农夫山泉的广告。

（三）视觉语言

之所以使用视觉语言，是因为图像能够给人们带来视觉的冲击，这种冲击的强度要远远大于文字带来的。当然，这种做法也有风险，图像难以准确地传达复杂的信息，有时消费者不能很好地理解广告商想要表达的含义。例如，在图7-5所示的MINI Cooper的广告中，MINI Cooper和汽车工具放在一起，事实

图7-5　MINI Cooper广告

上，广告想传递的是MINI Cooper车性能极好，不需要这些修理工具。但是遗憾的是，对很多消费者来说，把MINI Cooper和汽车修理工具放在一起，会让他们感受到MINI Cooper品质不佳。

四、记忆与营销

对于很多品牌或产品来说，记忆已经成为其制胜法宝。比如，对于迪士尼乐园来说，消费者前往这里的原因不仅在于体验各种游乐设施，还在于寻找儿时动画片的记忆，这些记忆给消费者带来的是快乐的体验。所以，迪士尼乐园被称为留下美好回忆的地方。除此之外，有很多移动端的产品都有时间线功能，如每到年末，支付宝都会推出时间线功能，将消费者这一年的消费记录制作成简单的动画，呈现在消费者面前。类似的功能设计，目的是为消费者记录下时间的足迹，创造出美好的回忆，这也是这些产品成功的秘诀之一。

此外，怀旧市场也是一把利器。对于每个人来说，回忆有苦有甜，它是人生一笔宝贵的财富。很多影视作品都通过打怀旧牌轻松地俘获了观众的心。广告通过展现几代人使用的不同场景，将怀旧的元素发挥到了极致，其目的就是希望消费者回忆过去，从而意识到这个品牌是陪伴几代人成长的国民品牌。

【思考题】

1. 简述消费者学习的方法。

2. 简述经典条件反射理论。

3. 简述操作条件反射理论。

4. 简述消费者记忆的过程，并画图说明。

5. 举例说明如何增强消费者的记忆，并阐述记忆在营销中的应用。

第八章　消费者态度

【本章目标】

1. 了解消费者态度的概念、构成、功能及影响因素。

2. 理解消费者态度的相关理论和应用。

3. 掌握消费者态度的测量方法及消费者态度的改变。

4. 培养利用消费者态度概念及理论的应用提升营销的能力。

第一节　消费者态度概述

一、态度的概念及构成

（一）态度的概念

对于营销者而言，促使消费者对其产品形成积极的态度是一件非常重要的事情。很多酒吧为了平摊经营中的固定成本，会选择在客流量小、生意一般的情况下降价促销，他们将这一时段命名为"态度调整时段"。消费者态度的重要性可见一斑。

在心理学中，态度指的是对一个客体的持久而概括性的评价。这个客体就是研究态度的对象。它可以是人，也可以是一则广告，还可以是一个事件，因此态度的对象是多种多样的。

（二）态度的构成

从态度的内涵中可以发现，态度主要是情感的表现，反映的是人们的一种好或恶的观念。态度同时又是情感和认知的统一。态度的情感反映是以对客体进行评价所持的信念或知识为依据的，态度还表明了人的行为倾向。因此，要把态度视为由认知、情感和行为构成的综合体（见图8-1）。

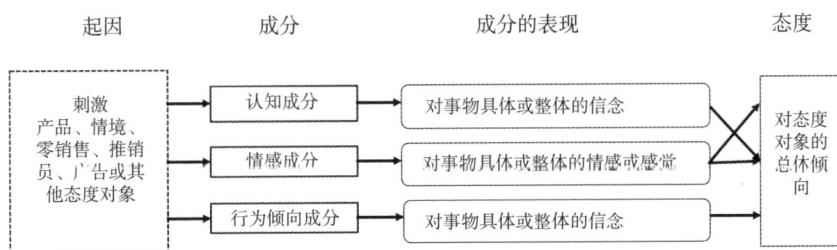

图8-1　态度的构成

1. 认知（Cognition）

认知因素是指人对于某一对象的认识、理解和评价，也就是人们平时所说的印象。认知因素是构成态度的基础，人们主要依据相关事实而形成态度。例如，人们在看到德芙牛奶巧克力的广告（见图8-2）之后，就知道它是一种口感丝滑的甜食，消费者由此建立起了对德芙巧克力的第一印象：口感丝滑。

图8-2　德芙牛奶巧克力广告

2. 情感（Attitude）

情感因素是指人对态度对象的情感判断和情绪反应，这种判断有好与不好两种，比如喜欢或厌恶、亲近与疏远等。情感因素是构成态度的核心，在态度中起着调节作用。例如，常年生活在城市的上班族前往郊野去感受农家乐，呼吸着自然的新鲜空气，感受着美好的田园生活，完全释放了自己，因此产生了一种强烈的喜爱之情，于是更加崇尚自然、热爱自然。

3. 行为（Behavior）

行为因素是指肯定或否定的反应倾向。它是外显的，制约着人们对某一事物的行为方向。意象因素形成了一个人对待某一事物的倾向性，比如积极的学习态度、乐观的生活态度、求实的科学态度、宽容的人生态度等，这些态度影响着人们在生活中的为人处世，例如，如果对某一个商品产生了积极的、肯定的情绪之后，人们就会选择购买它，并且向周围的朋友推荐它。

二、态度的功能

消费者将对产品、服务或企业形成的某种态度存储在记忆中。需要的时候，将其从记忆中提取出来，以应付或帮助解决当前所面临的购买问题。这种方式有助于消费者有效地适应动态的购买环境。从这个意义上说，态度能够满足或有助于满足消费者的需要。学术界已经发展出了关于态度功能的理论，即态度有4种功能：适应功能、自我防御功能、知识功能、价值表达功能。

（一）适应功能

适应功能也被称为功力功能，它是指态度能使人更好地适应环境并趋利避害。人是社会性动物，他人和社会群体对于生存空间和发展有重要的作用，只有形成适当的态度，才能从其他人或群体那里获得赞同、奖赏或形成小团体。比如，当销售人员在向顾客推荐一件衣服时，如果恰当地表达对顾客穿上这件衣服之后的赞美，使顾客对产品和销售人员形成正面的态度或好感，销售可能会容易得多。同样，消费者对产品和服务形成某种态度，能够使之在下次遇到这些产品和服务的时候，与之前做出一致的反应，从而节省花在购买决策上的时间和精力。

（二）自我防御功能

自我防御功能是指当消费者的个别行为与所属群体的行为相左或与社会通行的价值标准发生冲突时，消费者可以通过坚持固有的态度以保持个体的现有人格；或者适当调整和改变，求得与外部环境的协调，从而减少紧张，保持心理上的平衡，同时增强对挫折的容忍度与抗争力。例如，在消费过程中，经常可以看到一些女性消费者会购买高级的美容化妆品、抗衰保健品，并且对这种行为持积极的态度。实际上，她们是出于自我防御的目的，抵抗因身体衰老或容貌平平而产生的心理不安。

（三）知识功能

知识功能是指消费者形成的某种态度更有利于对事物的认知和理解。事实上，态度可以作为帮助消费者理解产品或服务的一种标准或参照物，消费者在已经形成态度倾向性的支配下，可以决定是趋利还是避害，通过这种方式可以使外部环境简单化，从而使消费者集中精力关注那些更加重要的事件。另外，态度的知识功能也有助于部分地解释品牌忠诚的影响。对某一品牌形成好感和忠诚，能够减少信息搜集的时间，简化消费决策程序，并使消费者的行为趋于稳定。

（四）价值表达功能

价值表达功能是指通过态度可以表现出消费者的性格、兴趣、文化、修养及自己的核心价值观念，同时反映消费者可能选择的决策方案和即将采取的购买行动。例如，有些消费者喜欢去超市，购物时自备购物袋；出行时，习惯乘坐公共交通工具；购买商品时，关注是否有可循环利用的标识。这些行为都体现出消费者有绿色消费的倾向，他们想表达的是自己注重环保的价值观。

三、态度的影响因素

消费者态度的形成过程是一个个体社会化的过程，有5类因素会影响消费者的态度，分别是需要、知识经验、个体所属团体、个性特点和文化因素。

（一）需要

每个人都有多种需要和满足。能满足个人需要和愿望的对象，容易使人产生喜爱的态度；相反，妨碍个人需要与愿望获得满足的对象，或者导致挫折的对象，多容易让人产生否定的态度。由此可见，态度的形成基于人的需要或愿望是否得到满足。由于人的需要层次和愿望水平不同，以及愿望满足程度的差异，人的态度在指向性、强度、深刻性和外显性等方面均有所不同。

（二）知识经验

态度反映了态度主体对特定对象的看法或认知，知识和信息等认知因素是态度形成的基础。社会实践表明，个人掌握的知识的范围、知识的数量和知识的深度，以及个人获得信息的广度和准确性都会影响个人态度的形成。对于复杂的问题，知识和信息掌握得越多，越容易理解各种赞成或否定的论点，其态度的改变是主动的。知识和信息掌握得少的人往往缺乏判断力，容易被说服，也容易接受团体态度的压力，其态度的改变是被动的。

（三）个体所属团体

态度的形成与个体所属的团体有密切的关系，因此，当一个人对其所属各团体具有认同感和忠诚时，让其采取与团体规范不一致的态度是困难的。实验研究和社会生活实践表明，同一团体往往具有某些方面的一致性，团体意识、团体行为的规范控制调节着每个成员的态度与行为。假如一个人违背了团体的意志，就会感到一种无形的压力，可见团体的风气、意识、规范等对团体成员的态度形成有重要的影响。

（四）个性特点

人们的态度与个性特点都是在社会实践中逐渐形成的，二者相辅相成，相互促进，相互影响。每个人的态度都会反映出其个性特征，对社会、对团体、对自己、对劳动、对事业的态度不同也反映了他们之间在个性方面的差异。反过来，一个人的个性特点不同，其在兴趣、爱好、理想、信念、世界观、气质、性格等方面的差异也能使其态度存在差异。

（五）文化因素

文化作为社会化的大背景，深刻地影响着人们态度的形成。社会文化在人们思想观念、行为方式的社会统一与规范中起着积极的调节作用，促使人们进行自我调整，以实现个人与社会平衡。在一定社会文化背景下的人们对特定事物的态度和思维方式取决于特定的社会文化需求，背离社会文化会使人们感到紧张、焦虑，甚至痛苦。

第二节　消费者态度相关理论

一、学习理论

学习理论，又称作条件作用理论。主张这一理论的最突出代表人物是耶鲁大学的霍夫兰德（C. Hovland）。霍夫兰德认为，人的态度同人的其他习惯一样，是后天习得的行为，人们在获得信息和事实的同时，也认识到与这些事实相联系的情感与价值。

（一）联想

联想是两个或多个观念之间构成连接的通道，由一个观念可以引起另一个观念的活动表现。态度的形成，是一个中性的概念与一个带有积极或消极的社会含义的概念重复匹配的结果。例如，"老师"一词只表明在学校中授课的人，是一个中性的概念。但假如它多次与"教书育人""价值引领"等词同时使用，就会产生老师是"教书育人、价值引领的典范"这样的态度和联想。同样，如果消费者经常接触有关企业的正面宣传或报道，接触来自各个方面对企业的赞美，其就会在这些正面的信息与企业的产品和服务之间形成连接，从而对企业及其产品形成积极和肯定的态度。

（二）强化

强化对态度的形成同样具有重要的作用。如果消费者购买某个品牌之后产生了一种满意的感觉，或从中获得了物有所值的体验，那么这一行动就会得到强化。在下一轮的购买中，消费者更有可能重复选择该品牌。强化可以是来自家人、朋友或其他相关群体的赞美。如果购买的产品受到他人的夸奖，消费者的满意感会得到强化。由此，也会促使其对产品形成积极的情感与态度。强化有正强化也有负强化。有时，消费者同时受到正强化和负强化双层影响。此时，强化对态度的形成和发展所起的作用取决于两种强化的相对强度。正强化如果在力度上超过负强化，那么将有助于消费者对企业或产品形成积极的态度，反之则会产生消极的态度。

（三）模仿

态度还可以通过模仿而习得。模仿是一种重要的学习方式，人们在学习过程中经常会运用到这一方式。模仿一般是对榜样的模仿，如果榜样是强有力的、重要的或亲近的人物，模仿发挥的作用会更大。在消费生活中，消费者会通过对名人和重要参照群体的模仿，形成与后者相一致的对人、对事、对生活的态度，并通过其消费方式与活动表现出来。态度的形成与变化一般要经历三个阶段：顺从、认同和内化。

1. 顺从

在社会影响下，个人仅仅在外显行为上表现得与别人一致，对于为何会产生如此行为，并没有多少深刻的认识，也没有太多的情感成分。此时，个体对行为的态度主要受奖惩原则的支配，一旦外部强化或刺激因素消失，行为可能会终止，因此这种态度是表面的、暂时的和易变的。

2. 认同

认同是指由于喜欢某人、某群体或某事件，乐于保持与其一致的行为，或与其采取相同的表现形式，这种态度带有较多的情绪和情感成分，虽然其不一定以深刻的认识做基础，但这种态度较顺从阶段的态度更为深刻，也更加积极主动。

3. 内化

内化是个体把情感认同的东西与自己持有的信念、价值观等联系在一起，使之融为一体，对情感态度给予理智上的支持。此时，个体态度以认知性成分占主导，同时富有强烈的情感成分，因而比较持久和不易改变。

二、诱因理论

诱因理论从趋近因素和回避因素两个冲突的视角形成态度。也就是说，诱因理论将态度的形成看作在权衡利弊之后而做出决策的过程。消费者对于一种产品或服务既有趋近的理由，也有回避的理由。比如这种产品与众不同，能够体现自己的个性使用时，可能会招来同事朋友的羡慕，产生令人兴奋的感觉。与此同时，这种产品的品质不一定有保证，价格比较贵，而且自己的父母或家里的其他成员并不喜欢这种产品。前者会使消费者对购买这种产品产生积极的态度，后者则会使之产生消极的态度。按照诱因理论，消费者的最终态度是由趋近和回避这两种因素的相对强度来决定的。如果趋近在强度上超过回避，则会形成总体上的积极态度，反之则会形成消极态度。

三、认知失调理论

认知失调理论是著名心理学家费斯廷格在1957年提出的。他认为，一般情况下，人们的态度与行为是一致的，但有时候也会出现不一致。例如，工作场所中的员工与领导之间的微妙关系。也许员工很不喜欢领导，但却依然会恭维他，此时员工会表现出心理紧张状态，因为态度和行为表现出了不一致。心理紧张的来源就是认知失调，为了缓解紧张状态，人们会采取一些方法来减少认知失调。

亚洲女性很少穿低胸或露背服装出门，因为传统文化和价值观告诫她们，女性不可以穿着暴露。当亚洲的杰出女性走进西方世界的时候，她们需要在特定的公共场合，穿着优雅而性感的服装来展示东方魅力。然而，性感的服装会让她们心理紧张，因为这与她们的价值观和文化背景有明显的冲突，认知失调由此产生。缓解失调的方式有很多种，例如，改变认知，即告诉自己，新的时代，美丽要与世界同步；也可以改变行为，选择保守而带有东方神秘色彩的服饰，保持自我；还可以让自己相信没有选择，因为这是特定场合，必须入乡随俗。

四、平衡理论

平衡理论由海德在1958年提出。其主要观点是强调个体对某一认知对象的态度常常受到他人对该认知对象的影响，也被称为P-O-X理论。在平衡理论中，P和O各代表一个人，X是第三者。P是认知主体，O和X是态度对象。该理论假定P-O-X之间的平衡状态是稳定的。不平衡状态会让个体产生心理的紧张、焦虑，因此这种状态短暂而不稳定。当紧张消除时，重新恢复的平衡让人们得以安宁。同认知失调理论相似，平衡理论也要解决失调问题，但它们的区别在于，平衡理论探讨的是人际关系对态度的作用。

名人代言之所以具有激励作用，可以用平衡理论来解释。营销者通常喜欢选择形象正面、有影响力的名人作为产品的代言人，由于他们的影响力，消费者对产品也会产生接纳的态度。在这个过程中，消费者是P，名人是O，企业的品牌是X，三者之间的关系是平衡的。但是一旦代言人出现负面新闻，平衡关系就会被打破，消费者会重新考察自己与品牌之间的关系，因此企业需要特别谨慎地选择代言人，而且在发生问题的时候需要尽快调整战略（平衡破坏时将名人O换为名人M），否则将会出现难以弥补的损失，具体如图8-3所示。

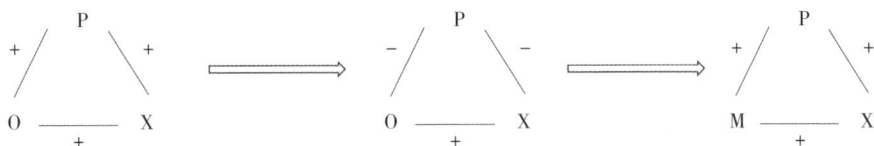

图8-3 平衡理论关系图

第三节 消费者态度的测量

态度无法直接被观察到，但可以通过人的语言、行为以及对外界的反应等间接地进行测量，因此态度是可以测量的。在社会心理学中，常用的态度测量方法有瑟斯顿等距量表、李克特量表、语义差别量表和行为反应测量法。在选择态度测量方法时，首先必须明确态度的测量对象。态度的测量对象可以是具体的，也可以是抽象的，但必须能与其他概念相区分。

一、瑟斯顿等距量表

瑟斯顿和契夫在1929年出版的《态度的测量》一书中提出了态度测量的等距量表法。这一方法的具体测定程序比较复杂，本书仅对这一测定方法的基本思想作简要介绍。

第一，通过对消费者的初步访谈和文献分析，尽可能多地搜集人们对某一态度对象的各种意见。这些意见一般由一个个的陈述语句来表述，其中既有善意的意见，也有恶意的意见；既有肯定的，也有否定的。

第二，将上述陈述意见归类。将其分为7、9或11组，具体归类可邀请若干评判人员完成。评判人员审视这些意见，看是否体现了对于态度对象的肯定或否定的态度。然后根据自己的判断，把这些意见分为A、B、C、D、E、F、G7个组。以A表示极端肯定，B、C表示中度肯定，D表示中立陈述，E、F表示中度否定，G表示极度否定。分类任务完成以后，可以根据每种意见分类的分布情况，计算出该种意见的量表值。表8-1是由彼得森编制的瑟斯顿战争态度量表中的部分陈述意见及其量表分值，该量表是采用11组分类得出来的。

表8-1　战争态度量表部分项目及其分值

题序	项目	分值
1	在某些情况下，为了维护正义，战争是必要的	7.5
4	战争是没有道理的	0.2
6	战争通常是维护国家荣誉的唯一手段	8.7
9	战争徒劳无功，甚至导致自我毁灭	1.4
14	国际纠纷不应以战争方式解决	3.7
18	无战争即无进步	10.1

（资料来源：章志光.社会心理学[M].北京：人民教育出版社，1996：239.）

第三，由评判人员对各陈述意见作进一步的筛选，形成20条左右意义明确的陈述，并使之沿着由极端否定到极端肯定的连续系统分布。

第四，要求被试者对这20条左右陈述意见或其中的一部分进行判断。赞成某一陈述意见者，在该意见下打"P"；不赞成者，在该意见下打"O"。由于每一陈述意见已被赋予一个量表值，这样通过计算应答者同一项数的平均量表值或者这些项数的中值，就可得出被试者在这一问题上的态度分数。在彼得森战争态度量表测试中，被试者平均得分越高，表明其越赞成或拥护进行战争。

运用瑟斯顿量表测试消费者的态度，要求被试者给予积极的、诚实的合作，否则调查结果会出现偏差。同时需要许多审视者对众多数目的陈述意见进行选择，并分别计算每一陈述意见的量表分值。这是一项极为费时费力的工作，对陈述项目的分类标准又难以把握，因此极大地限制了这一方法在实际中的运用，其大部分内容已被新发展起来的态度测量技术所代替。

二、李克特量表

李克特量表法，又称为总和等级评定法，由李克特于1932年提出。李克特量表在提出和确定陈述句的要求方面，与瑟斯顿量表类似，但不像其那样要求把陈述意见分为7、9或11组，而是采用肯定或否定两种陈述法，并要求被试者对各项陈述意见表明赞同或不赞同的程度。实际上，李克特量表是将瑟斯顿量表中的专家或评判人员分类转变为被试者的自我分类，由被试者在一个1～5分度或1～7分度的等级量表上自我报告对陈述意见的赞同程度。

李克特量表由一组句子构成，这组句子是围绕所要测量的问题收集到的。采用项目分析法，筛选出辨别力较强的句子。根据被试者对这组句子的各项回答，使用总和记分的方式，判明其态度的强弱。它的特点有：第一，主要应用于测量态度等主观指标。第二，它由一组陈述句及其等级分答案组成。第三，答案一般分成5个或7个等级，分别记为1、2、3、4、5或者1、2、3、4、5、6、7，且具有排序功能。第四，判断回答者态度强弱的依据是其在所有陈述语上的得分总和。

对于陈述意见"海尔电冰箱性能良好"，被试者可以在一个5分度量表或者7分度量表上表明其赞同程度。图8-4所示就是态度调查中采用5分度或者7分度态度的量表。量表上的取分值越低，表明陈述意见赞同程度越低；反之则越高。当然，也可以规定，量表值越低，赞同程度越高，这种规定完全因人而异。每一个态度的范畴可以从多个方面予以度量，即可以由被试者对多个陈述意见的赞同或反对程度予以刻画，所以在实际测量中，应对被试者在各陈述意见上的量值加以汇总，以获得被试者在此态度范畴上的综合得分，并以此反映其总体态度。

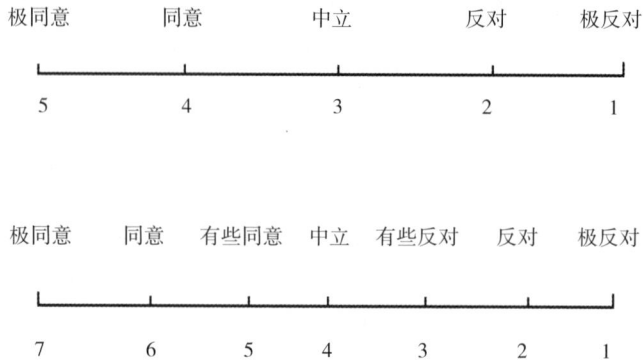

图8-4　李克特5分度和7分度量表

李克特量表操作简便，是目前应用最为广泛的态度测量方法之一。与瑟斯顿量表相比，李克特量表的工作量只是前者的一小部分。而用李克特量表所测的结果与用瑟斯顿量表所测的结果相关度高达0.8。由此，不难解释李克特量表受到普遍欢迎的原因。尽管如此，这一量表也不是没有局限性的。由于采用态度等级的自报告法，再加上它自身存在一种将问题简化处理的倾向，运用李克特量表测量较为复杂的态度问题时，效果并不十分理想。此外，同瑟斯顿量表一样，李克特量表通过直接询问被试者对态度进行评价并予以分值，在一些敏感问题上，被试者可能会存在顾虑而加以掩饰，由此可能会影响最终的测试结果。

三、语义差别量表

语义差别量表，又称为语义差别分析量表，是由奥斯古德等人于1957年提出来的一种测试态度的方法。语义差别量表包含了一系列反映研究对象不同属性的相反的形容词，受访者通过指出在连续序列中的定位来反映每个属性的印象。

该量表的基本思想是，对态度的测量应从多个角度并采用间接的方法进行。直截了当地询问人们对某一主题或相似主题的看法与态度，结果并不一定可靠。人们对某一主题的态度，可以通过分析主题概念的语义确定一些相应的关联词，然后根据被试者对这些关联词的反应来加以确定。例如，如果想了解一个人对妻子的态度，此时不必直接询问。因为这样不一定能了解到他的真实态度。可以提出"妻子"这个词，要求被试者按语义差别量表中的各个评定项目进行选择，由此即可推断出他对妻子的态度。

图8-5是A、B两家咖啡店语义差别量表的结果分析。从图中可以看出，A咖啡店位置较好，布局较时髦，选择余地较大，但产品价格昂贵，服务态度不是很好；而B咖啡店服务态度较好，价格也适中，但是所处位置不是十分理想，选择余地较小。

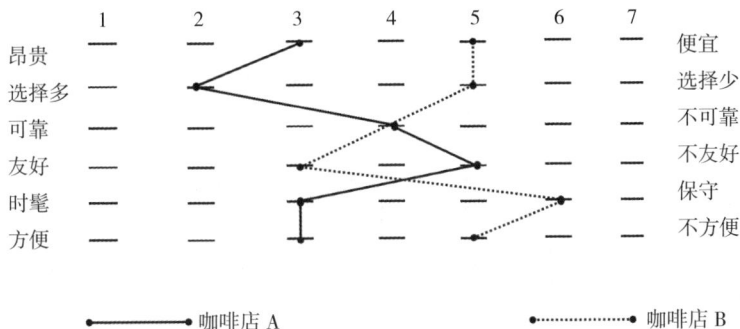

图8-5　A、B两家咖啡店语义差别量表结果分析

第四节　消费者态度的改变

一、消费者态度改变的说服模式

霍夫兰德和詹尼斯于1959年提出了关于态度改变的说服模式，如图8-6所示。这一模式虽然是关于态度改变的一般模式，但对理解和分析消费者态度改变具有重要的借鉴与启发意义。

霍夫兰德认为，任何态度的改变都涉及一个人原有的态度和外部刺激存在着彼此不同的看法。由于两者存在差异，会导致个体内心冲突和心理上的不协调。为了恢复心理上的平衡，个体要么接受外来刺激，也就是改变原有的态度；要么采取各种办法抵制外来刺激，以维持自己原有的态度。

（一）外部刺激

外部刺激包括三个要素，即传递者或信息源、传播与情境。传递者是指持

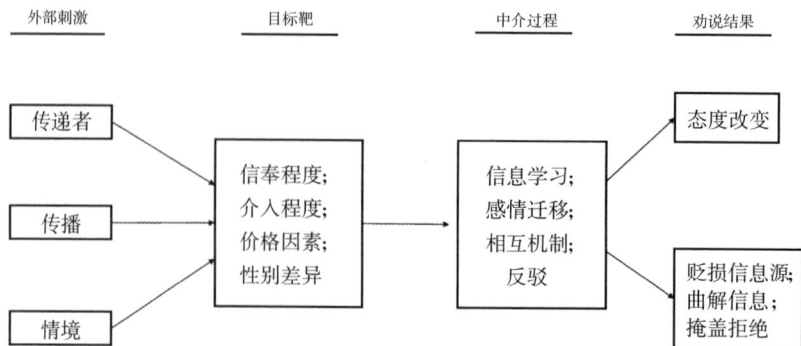

图8-6　消费者态度改变的说服模式

有某种见解并力图使别人接受这种见解的个人或组织。如发布某种劝导信息的企业或广告公司、劝说消费者接受某种新产品的推销人员，都属于传递者的范畴。传播则是指以何种方式和什么样的内容安排将一种观点或见解传递给信息的接受者或目标靶，信息内容和传递方式是否合理对能否有效地将信息传达给目标靶，并使之发生态度改变，具有十分重要的影响。情境是指对传播活动和信息接收者有附带影响的周围环境，如信息接收者对劝说信息是否预先有所了解、信息传递时是否有其他干扰因素等。

（二）目标靶

目标靶是指信息接收者或企业试图说服的对象。说服对象对信息的接收并不是被动的，他们对企业或信息传递者的说服有时容易接受，有时则采取抵制态度，这在很大程度上取决于说服对象的主观条件，比如，如果某人在多种场合公开表示过不喜欢某种产品，那么要改变其这一态度，难度就比较大，因为那意味着他对自己的否定。

（三）中介过程

中介过程是指说服对象在外部劝说和内部因素交互作用下，态度发生变化的心理机制，具体包括信息学习、感情迁移、相互机制、反驳等方面。

（四）劝说结果

劝说的结果有两种：其一是改变原有的态度，接受信息传递者的劝说；其二，对劝说予以抵制，维持原有态度。从劝说方的角度看，第一种结果当然最为理想，但在很多情况下，劝说可能并未达到理想的目标，而是出现第二种情况。在此情况下，信息接收者或目标靶可能采用各种方式对外部刺激加以抵制，以维持自己的原有态度。

常见的方法有：第一，贬损信息源，比如认为信息发送者存在私利和偏见，其信誉很低，以此降低劝说信息的价值。第二，曲解信息，如对传递的信息断章取义，或者故意夸大某一论点，使其变得荒唐而不可信。第三，掩盖拒绝，也就是采用断然拒绝或美化自己真实态度的方法来抵御外部的劝说和影响，比如面对舆论对"大吃大喝""公款消费"的指责，个别领导会以工作需要为由，拒绝改变其态度。

二、传递者对消费者的影响

说服过程中，传递者或信息员一直被认为是十分重要的影响因素。如果消费者认为传递者信誉度高，值得信赖，那么说服的目的更容易达到。一般来说，影响说服效果的信息源特征主要有4个，即传递者的权威性、传递者的可靠性、传递者的外表吸引力和受众对传递者的喜爱程度。

（一）传递者的权威性

传递者的权威性是指传递者在相关领域问题上的学识、经验和资历。例如，舒适达牙膏邀请专业的牙科博士，对该牙膏的美白、消炎效果进行宣传，其目的就是增加信息的可信度和影响力（见图8-7）。

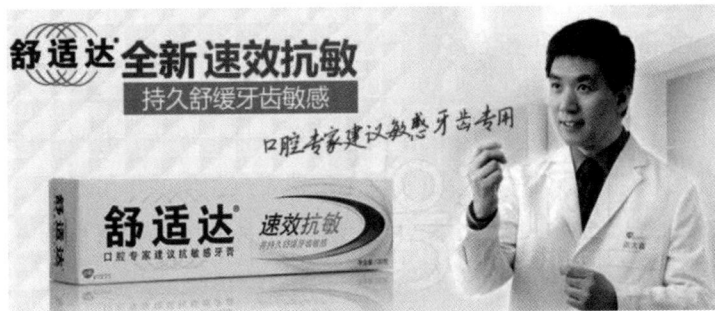

图8-7　舒适达牙膏广告

（二）传递者的可靠性

传递者的可靠性是指传递者在信息传递过程中能否做到公正、客观、不存在私利与偏见。再有名的医学权威，如果是为自己开创的公司做宣传，人们对其评价的可信度也会存在质疑。很多消费者之所以对推销员的说辞不以为然，原因恰恰在于他们认为后者在宣传中难以做到客观、公正。

（三）传递者的外表吸引力

传递者的外表吸引力是指传递者是否具有一些引人喜爱的外部特征。如果传递者的外表很有魅力，则能吸引人的注意和引起好感，增强说服效果。很多商业广告都采用美女或帅哥作为打动消费者的手段，运用的就是这一原理。

在广告研究领域，一些研究人员调查了广告模特外表魅力对消费者的影响。大部分研究结果表明，越是有外表吸引力的模特，其所宣传的产品越能获得消费者好的评价或积极的回应。有一项研究先给被试者看一些动物饲养员活动的录像片段。在一些片段里，动物饲养员的外表非常具有吸引力；在另一些片段里，饲养员相貌平平。然后要求被试者对录像片段中的饲养员发表自己的看法和印象，并回答是否愿意协助动物园做一些义务性的工作。结果显示，当录像片段中的饲养员更具外表魅力时，人们更愿意为动物园慷慨解囊并提供义务服务。

（四）受众对传递者的喜爱程度

受众对传递者的喜爱程度是指受众或消费者对传递者的正面或负面的情感。消费者对传递者的喜爱程度，可能部分基于传递者的外表魅力，但更多的可能是基于其他因素，如举止谈吐、幽默感等。喜爱之所以会引起态度的改变，是因为人具有模仿自己喜爱对象的倾向，他们较容易接受喜爱对象的观点、受其情绪的影响，并学习其行为方式。

喜爱程度和相似性有密切关系，人们一般更喜欢和自己相似的人接触和相处，从而也更容易受其影响。布洛克曾于20世纪60年代做过一个有趣的实验，他让一些化妆品柜台的销售员劝说消费者购买一种化妆品，有些销售员有专长但与消费者无相似身份，另一些销售员与消费者有相似的身份但无专长，结果发现，没有专长但与消费者有相似身份的销售员比有专长而与消费者无相似身份的销售员对消费者的劝说更为有效。

三、传播对消费者的影响

（一）传递者发出的态度信息与消费者原有态度的差异

一般而言，传递者发出的态度信息和消费者原有态度之间的差异越大，信息传递所引起的不协调感就会越强，消费者面临的改变态度的压力也就越大。然而，在较大的差异和较大的压力下，能否引起较大的态度改变，则要看两个因素的相互作用。一个因素是差异或差距，另一个因素是信息源的可信度。差距太大时，信息接收者不一定以改变态度来消除不协调的压力，而可能以怀疑信息源的可信度或贬低信息传递者来求得不协调的缓解。多项研究发现，中等差异引起的态度变化最大，当差异度超过中等差异之后，态度改变则会越来越困难。

（二）恐惧的唤起

恐惧的唤起是广告宣传中常常运用的一种说服手段，如头皮屑带来的烦恼、皱纹带来的恐惧、蛀牙带来的后果、脚气患者不安的表情……无不是运用恐惧诉求来劝说消费者。在过去的30多年里，对于恐惧诉求有效性的看法经历了相当大的变化。早期，一个关于恐惧唤起的研究，试图运用恐惧诉求劝说消费者更频繁地刷牙。研究中，一组高中学生目睹牙龈溃疡的可怕镜头，并被告知牙龈感染会导致心脏、肾脏等多种器官损坏的严重后果。其余一些组的被试者则看到的是一些不那么令人恐惧或根本没有恐惧感的场面。结果显示，高恐惧组的被试者更少有行为的改变。此结果使不少学者得出恐惧诉求在劝说中没有什么效果的结论。现实生活中，一些香烟广告在使用耸人听闻的文字或恐怖的图片（见图8-8）时，消费者会同时启动心理防御机制，对劝说信息不加理会，甚至在极端的情况下采用频繁地抽烟方式来消除内心的恐惧。

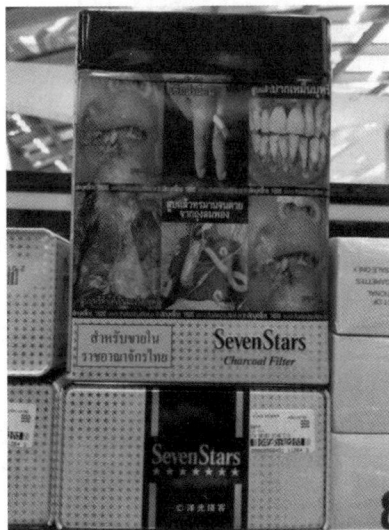

图8-8　令人恐惧的香烟广告

141

（三）单面论述和双面论述

许多营销信息只呈现正面信息，这种信息被称为单面信息。但是在一些情况下，既包含产品的正面信息，也包含产品的负面信息，被称为双面信息，这种信息可能更加有效。例如，巴克利公司的止咳糖浆采用双面广告信息在北美进行销售，例如"味道不好，但是管用"，以及"难以下咽，但却有效"。双面信息能使信息更加可靠，并减少反驳，从而影响消费者的态度。当消费者在广告中看到负面信息时，可能会推断这家公司很诚实。这种信念提高了信息的可靠性，通过向消费者提供对产品感兴趣的理由，坚定了消费者的购买信念。需要注意的是，双面信息的说服效果部分取决于如何呈现负面信息以及负面和正面信息之间的相互作用。

双面信息在以下情况中特别有效：第一，当消费者开始反对时也就是他们已经有了负面的信念；第二，他们接受了来自竞争对手的强反面信息的展露。双面信息更容易被智商高的消费者所接受，因为他们喜欢中立的、无偏的信息。哈迪连锁餐厅在一项宣传活动中，在承认顾客抱怨的同时，推出了一款新的产品——厚汉堡。其宣传活动的口号是"这就是为什么你最不想去买汉堡的地方变成了你的首选"。这是一个将负面态度转为正面态度的直接诉求。但是，使用双面信息的广告并不总是对营销人员最为有利。通常，只有当负面信息属于一个不十分重要的属性时，双面信息对品牌态度的正面影响才会出现。

（四）幽默的应用

很多广告都采用幽默的方式呈现信息。研究结果发现，幽默在吸引消费者对信息进行处理方面非常有效。幽默诉求可以激发正面的情感，比较适合于介入程度比较低的产品购买上。

要使幽默诉求有效，需要注意以下几点：

第一，幽默应与广告所传递的产品或品牌利益联系起来，否则，广告虽然可能引起注意，但受众不知道广告到底传递了什么信息。

第二，幽默应集中于产品而不是使用者。用夸张、滑稽、可笑的方式描述产品使用者，可能导致受众的反驳和反感，降低劝说效果。如果实在不便将幽默应用于产品上，也应将其放在产品的非使用者身上。美国有一则脚气粉的广告就很好地体现了这一点。一位渔夫坐在小船上悠然自得地钓鱼，双脚放在水里，鱼竿还没有扬起，水面上已是白花花的一片死鱼，很明显是他的脚气杀伤力太大，导致周围的鱼都死亡了。

第三，运用幽默诉求时，最好有几种不同的表现形式，因为幽默广告在最初吸引消费者的注意后，如果反复播放，会使消费者产生疲劳效应，最终效果也会适得其反。

（五）论点的质量或强度

信息传播中，有些论点强而有力，有些则显得说服力较弱，比如某产品获得国家质量监督检验检疫总局颁发的优质称号就比该产品获得了地方性协会的优质证书更有说服力。

通常，强的论点会比弱的论点让消费者产生更多的态度转变，但也并不总是如此。强的论点以令人信服的方式体现了关于产品或服务的最好属性或主要优势，它对消费者的影响是以消费者有动机和能力对信息内容进行加工为前提的。当消费者对传播的信息介入程度很高时，在已经很强的论点上，再加入相对较弱的论点，反而会削弱信息的整体说服力。然而，在实际生活中，消费者很多情况下并不会对信息进行深入思考。此时信息中的论点数量可能比质量更为重要。从这个意义上来讲，论点的质量或强度并非必然是决定信息说服力大小的关键因素。

在消费者缺乏信息处理动机或者不能很好地处理信息的情况下，边缘性信息（如论点的数量、长度），可能反而会对态度的改变产生重要的影响。研究发现，对于产品知识较缺乏的消费者，较长的信息会比较短的信息让其产生更多的态度转变；而对于产品知识了解比较多的消费者，论点的强度和质量比信息的长短对态度转变的影响力更大。

四、情境对消费者的影响

说服过程不是在说服力和被说服方之间孤立进行的，而是在一定情境下进行的。这些情境对于说服能否达到预期效果有着重要的作用。

（一）预先警告

如果某一个消费者在接触说服信息前，对劝说企图有所了解，其有可能发展起反驳的论点，从而增强抵御劝说的能力。预先警告并不总是对信息接收者起抵制说服的作用，研究结果表明，如果一个人十分信服原来的观点，预先警告会起到相反的作用。也就是说，能促进态度的转变。还有一项研究结果显示，警告的作用和意见内容是否涉及个人利益有紧密的联系。预先警告对没有个人利益介入的消费者来说，能促使其态度发生转变；对于有较深利益牵连的消费者，则能阻挠其态度的转变。

（二）分心

分心是指由于内外干扰而分散注意力，使注意力不能集中的现象。在劝说过程中，若情境中存在"噪声"致使受众分心，就会影响劝说的效果；若引起分心的"噪声"太大，使目标靶听不到信息，则劝说等于没有发生。比如在广告节目中，背景部分如果太吸引人，反而会淹没主旨，影响受众对广告主体内容的记忆。研究结果也发现，如果情境中有某些"噪声"适当地分散受众的注意力，不让受众集中精力去思考和组织反驳理由，劝说的效果会更好。所以，分心对态度转变的影响，实际上应视分心的程度而定。适当的分心有助于态度的改变；过度的分心则会降低劝说效果，从而阻碍态度的改变。

（三）重复

重复对消费者态度的改变也会产生重要的影响。双因素理论认为，当消费者接受重复性的信息时，两种不同的心理过程将同时发生作用。一方面，信息的重复会引起不确定性的减少和增加对刺激物的了解，从而带来积极的正面的反应。另一方面，随着重复的增加，厌倦和腻烦也随之增长。在某一点上重复所引起的厌倦将超过它所带来的正面影响，从而引起消费者的反感。所以，为了避免或减少受众的厌倦感，企业在做广告时，最好是在不改变主题的条件下，对广告的表现形式不时地做一些适当的变动。

（四）预防注射

通俗地讲，预防注射是指消费者已有的信念和观点是否与相反的信念和观点进行过交锋，即消费者是否曾经构筑过对相反论点的防御机制。一个人已形成的态度和看法，若从未与相反的意见有过接触和交锋，就易于被别人说服而发生改变。相反，如果消费者的观点和看法曾经受过抨击，其在应付这种抨击中建立了一定的防御机制，如找到了更多的反驳理由，那么在以后便会有能力抵制更加强烈的抨击。

五、目标靶的影响

说服过程离不开说服对象，也就是目标靶。无论是推销员推销产品，还是企业运用大众媒体进行宣传，针对的都是特定的受众或目标消费者。在同样的说服条件下，有些消费者容易被说服，有些消费者较难或根本无法被说服，因此研究说服过程或消费者态度改变的过程，除了要研究信息源传播和情境因素之外，还有一个重要的内容就是目标靶。

（一）信奉程度或承诺

如果消费者对某种信念信奉程度很高，在多种场合表明自己的立场和态度，或者根据这一信念采取了行动，此时要改变消费者的态度将是相当困难的。相反，如果消费者对某种信念的信奉程度不是特别强烈，而且也没有在公开场合表明过自己的立场，此时说服消费者改变其原有的态度相对会容易一些。

一般来说，对原有信念和态度的承诺会降低劝说信息的影响。原因在于，此时态度的改变涉及更多的"放弃""痛苦"，正因如此，消费者更可能采用其他方式来应对其所面临的说服压力。

（二）介入程度

消费者对某一购买问题或关于某种想法的介入程度越深，其信念和态度就可能越坚定；相反，如果介入程度比较低，可能更容易被说服。介入程度可以分为个人相关性和反应性介入两种类型。个人相关性是指购买问题或所涉及的事件是否与信息接收方个人有关，并且在多大程度上相关，如果你的学费从下学期开始要上涨50%，那么这一事件与你个人的相关性就很高；相反，如果你的学费上涨是在毕业之后才发生的，那么该事件与你个人的相关程度就大大降低了。在个人相关性高的情况下，消费者更可能认真研究信息的内容和细节，因此论点的强弱会直接影响消费者的态度和判断。然而，个人相关性较低时，消费者处理信息的动机会减弱，可能更多地依赖"边缘线索"（如传递者的专长、论点的数量或长度）来形成态度。

反应性介入是指个体态度或反应会受到社会或他人的赞赏或反对，由此使问题或事件变得重要。如果说个人相关性主要是由于事件或问题与个人关系密切，从而引起个人关注的话，那么反应性介入则更多涉及个体是否在意别人的反应和评价。研究结果显示，只有当个人相关性高，同时反应性介入程度弱时，强的观点才会比较弱的观点更有说服力。而在反应性介入程度很高的情况下，被试者专注于自己的表现，论据的强度反而会被忽视。

（三）人格因素

人格因素包括自尊、智力、性别差异等，研究发现，低自尊者较高自尊者更容易被说服。因为前者不太重视自己的看法，遇到压力时很容易放弃自己的意见。与此相反，高自尊者往往很看重自己的观点与态度，在遇到他人的说服或攻击时，常常会将其视为对自身价值的挑战，所以不会轻易地放弃自己的观点。

一般认为，智力高的人比智力低的人难以被说服，但迄今为止还缺乏证据支持这种观点。调查结果表明，总体而言，高智商者和低智商者在被说服的难易程度上没有显著差异。但高智商者较少受不合逻辑的论点影响，低智商者则较少受重复论证的影响。因此，智力和说服仍是有关系的，而且这种关系并不像人们想象得那么简单。

（四）性别差异

伊格利和卡莱在回顾有关这方面的大量实证研究后指出，从实验结果来看，男性与女性在谁更容易被说服的问题上不存在明显的差异。差异主要集中在双方各自擅长的领域，如在西方社会中，从事金融管理等工作，大多是男性，女性在这方面可能缺乏自信，因此在与此有关的一些问题上，可能较男性更容易被说服。但在家务和孩子抚养上，女性较为自信，因此对于这方面的有关问题，可能较男性更难被说服。

【思考题】

1. 简述消费者态度的概念及构成。
2. 简述认知失调理论。
3. 简述消费者态度的说服模式。
4. 请阐述测量消费者态度的方法。
5. 举例说明传播对消费者的影响。

第九章　消费者的个性

【本章目标】

1. 了解消费者的个性、气质及心理图式的概念与特征。
2. 理解消费者个性的相关理论、气质学说与类型、心理图式的使用。
3. 掌握个性与消费行为、气质与消费者的关系及心理图式的市场细分类型。
4. 培养利用消费者的个性、气质及心理图式的应用构建市场细分的能力。

第一节　消费者的个性概述

一、个性的概念和特征

个性一方面是指一个人在生活舞台上做出的种种行为，另一方面是指一个人真实的自我。"个性"的词源表明人既有表现于外的、在公开场合中的自我，也有隐藏在面具后的、比较私密的自我。也就是说，个性是一个人心理特征的综合，既有外显的行为，又有内隐的特征。

（一）个性的概念

人与人之间既存在着共性，也存在着差异，从而形成了每个人不同的个性特征。关于个性的定义，迄今仍是众说纷纭。本书中的个性是指决定和折射个体如何对环境做出反应的内在心理特征。内在心理特征包括使一个个体与其他个体相区别的具体品性、特质、行为等。构成个性的这些心理特征不仅对产品选择产生影响，还会影响消费者对促销活动的反应，以及何时、何地、如何消费这种产品或服务。

（二）个性的特征

1. 自然性和社会性

人的个性是在先天素质的基础上，在一定的历史条件下和社会实践活动中，通过后天的学习、教育与环境的作用逐渐形成和发展起来的。所以，个性首先具有自然性。同时个性在形成的过程中，在很大程度上都要受到社会文化、教育教养内容和方式的塑造，可以说每个人的个性都打上了其所处的社会的烙印，也就是说，个性具有社会性。

2. 稳定性和可塑性

个性的稳定性是指个体的个性特征具有跨时间和空间的一致性。一个人的基本个性一旦形成，它的改变是很困难而且缓慢的。在个体生活中，暂时的、偶然表现的心理特征不能认为是一个人的个性特征。例如，一个人在某种场合偶然表现出对他人冷淡、缺乏关心，不能以此认为这个人具有自私冷酷的个性特征。只有一贯的在绝大多数情况下得以表现的心理现象，才是个性的真实反映。尽管如此，个性也不是一成不变的，随着社会现实和生活条件、教育条件的变化及年龄的增长、主观努力等，个性也可能会发生某种程度的改变，特别是在生活中经历过重大事件或挫折，往往会在个性上留下深刻的烙印，从而影响个性的变化。这就是个性的可塑性。当然，个性的变化比较缓慢，不可能立竿见影。

3. 独特性和共同性

个性的独特性是指人与人之间的心理和行为是各不相同的，因为构成个性的各种因素在每个人身上的侧重点和组合方式是不同的，如在认知情感、意志、能力、气质、性格等方面反映出每个人独特的一面。有的人知觉事物细致全面，善于分析；有的人知觉事物较粗略，善于概括；有的人情感较丰富、细腻；而有的人情感较冷淡、麻木。当然，强调个性的独特性，并不排除个性的共同性。个性的共同性是指某一群体在某个阶段在一定的群体环境、生活环境、自然环境中形成的共同的典型的心理特点。正是因为个性具有独特性和共同性，才组成了一个人复杂的心理面貌。

4. 外显性和自我服务性

人的外在行为会受个性的影响和控制，并且能从人的行为中推断出来。例如，外向浮夸的人可能希望购买更加靓丽、张扬的服装，同时人所具有的个性特征会推进个人需要和目标的实现，换言之，个性的存在是为了实现自我。

二、个性的相关理论

关于个性的理论，在理论界有不同的理论学派，其中影响最为广泛的是精神分析说、特质论、自我论和学习论。学习论主要包含操作条件反射理论和经典条件反射理论，这部分内容在前文当中已经有所论述，本章将不再赘述。因此，本章重点关注个性理论当中的精神分析说、特质论和自我论。

（一）精神分析说

在所有的个性理论中，内容最为复杂而且影响最大的是弗洛伊德创立的精神分析说。这一学说不仅对心理学研究本身产生了巨大的影响，甚至可以说，精神分析说是影响20世纪人类文化的重要因素。弗洛伊德的个性理论主要分为两大主题：个性结构和个性发展。

1. 个性结构

弗洛伊德认为，个性是一个整体，在这个整体之内包括彼此相关联而且相互作用的三个部分，分别称为本我、自我和超我。由于这三个部分的交互作用而产生的内驱力支配了个人所有的行为。

本我是个性结构中最原始的部分，是遗传下来的本能。本我包含着一些生物性或本能性的冲动，这其中又以性冲动和破坏性冲动为主。这些动机就是推动个人行为的原始动力。

自我是个体在与环境的接触中，由本我发展而来的个性部分。自我代表了理性和审慎，本我则代表了不驯服的激情。自我既要服从外界的规范，又要尽量满足本我的要求，随时需要调节本我与外界的矛盾，压抑和抵抗本我的某些要求。

超我是道德化的自我。弗洛伊德称它为良心。它的主要功能是抑制本我不符合外界要求的各种行为，尤其是那些有性本能和死亡本能支配的行为，诱导自我用符合外界规范的目标取代其他较低级的目标，在自主活动中追求理想，不断完善自己的个性。此外，超我还为自我提供榜样，用以判断一个人的行为是否优秀，是否应该受到赞扬。

弗洛伊德有关个性结构的理论观点，有助于理解很多消费行为。首先，根据弗洛伊德对本我、自我和超我及其关系的论述，人们认识到在消费行为中某些无意识动机的重要性。这反映在消费者的决策及随后的消费活动中，体现为没有充分意识到选择某种消费产品与服务的真实需要与动机，或者可能会掩饰他们真实的消费需要与动机。其次，弗洛伊德的观点也表示了自我可能会依赖于消费产品与服务的象征意义，以求在本我的需要与超我的禁止之间达成妥协，从而做出消费决策。比如，弗洛伊德提出人拥有两种重要的本能，即生的本能和死的本能。很多挑战极限的消费产品与服务，实际上直接指向了人们的死亡本能。但是消费者和从业者都回避了这个问题，而且反复强调这类产品与服务的积极意义，诸如强身健体、磨炼意志、克服困难、征服自然、超越自我。

2. 个性发展

弗洛伊德认为，在儿童发展的不同时期，里比多投放集中在身体不同的特定部位。这些部位对维持生存起着重要的作用，也是快乐的来源。按照里比多投放的主要部位，个性的发展可以分为以下5个时期。

第一，口唇期。这是婴儿出生后的第一年，里比多重点投放在口唇部位，通过口唇刺激，例如吮吸手指、咬东西等来减轻饥饿产生的紧张感，体验吮吸带来的快感。如果在这个时期内，婴儿的口腔活动受到过分的限制，就会影响以后的发展而产生"滞留"现象。若"滞留"现象出现在口唇期，长大后可能会形成"口唇性格"。弗洛伊德认为具有"口唇性格"的人，在个性上偏向悲观、依赖、退缩、猜忌、苛求，甚至对人仇视等。

第二，肛门期。幼儿从1岁到3岁是个性发展的肛门期。由于对排泄粪便解除内急压力产生了快感经验，因而对肛门的各种活动充满满足感。在这个时期对幼儿进行卫生训练很重要，训练的好坏可以影响幼儿以后性格的发展。如果训练过分严格，幼儿在情绪上受到威胁、恐吓时，可能导致其将来性格冷酷无情、顽固、吝啬、暴躁，甚至生活秩序紊乱。按照弗洛伊德的解释，这种现象是由于肛门期不能顺利发展，所产生的"滞留"作用影响而形成的。因此，弗洛伊德把这种性格称为"肛门性格"。

第三，性器期。儿童长到四五岁，男孩子开始产生恋母情结，女孩子开始产生恋父情结。这一时期的儿童在行为上有了性别之分，并且开始模仿父母中的同性别者，但却以父母中的异性作为爱恋的对象。与此同时，他们努力使自己成为双亲中同性的样子，于是就产生了自居作用。这就使得儿童产生父亲或母亲的行为并接受他们的评价，于是超我就发展起来了。

第四，潜伏期。弗洛伊德认为，儿童到6岁以后，其兴趣不再限于自己的身体，而是注意周围环境的事物。因此，从性的发展来看，儿童6岁开始进入性潜伏期，一直持续到12岁左右，这段时期正是儿童的小学阶段。此时，儿童由于生活范围的扩大和接受系统的知识，因此他们个性中的超我部分得到发展。同时，儿童与异性间的交往比较少，团体活动常常是男女分开，这种现象一直持续到青春期才会发生转变。

第五，青春期。儿童到了青春期以后，开始对异性产生好感，喜欢参加两性组成的活动，而且在心理上逐渐发展了有性别关联的职业计划、婚姻理想等。

（二）特质论

特质论认为，个性是由许多特质要素构成的。所谓特质，是指特有的性质或品质。例如，善良、正直、纯朴等都属于特质。特质论者认为，特质在各个人之间有量的差别，而没有质的不同。也就是说，人们都有共同的个性特质，只是因为量的不同才产生了人们之间的差别。

特质论认为，特质既不同于习惯，也不同于态度。一般认为，特质和习惯都有决定行为倾向的意义，但特质比习惯更富有多样性，而且控制行为水平也比较高。态度和特质的区别在于，前者限定在特定的对象，如个体对人的态度、对学习的态度等；而特质的表现并不是很明显地指向某种对象。另外，态度表现出对事物的好恶评价，而特质一般不用于表态。

（三）自我论

自我论是20世纪50年代以来发展起来的一种个性理论。这里的"自我"是指个体对自己的心理现象的全部经验，它是描述性的，而不像精神分析说那样是动力的和解释性的。自我论的主要代表人物是马斯洛。

马斯洛认为，心理学不应该偏重研究挫折、冲突、焦虑、仇视等异常者的行为，更应该对正常人的关于鼓舞、爱情、幸福等健康生活上的问题加以研究。马斯洛对人类行为持乐观的看法，他认为人类不像动物。动物的行为方式主要靠本能的支配，人类的行为方式因受环境及社会文化的影响而有很强的可变性。

三、个性与消费行为

在对人格类型的分类评价中，获得最深入研究、被学者们普遍认可的是大五人格模型。目前在业界被广泛运用的也是大五人格模型。

顾名思义，大五人格模型包含五项主要的人格特质，分别是外向性、尽责性、宜人性、经验开放性和神经质。外向性反映了一个人在外界投入的能量程度，高外向性的人喜欢与人接触，充满活力，情感充沛，热爱运动与冒险。在这一群体中，他们非常自信且健谈，喜欢吸引别人的注意。相比之下，内向性的人普遍谨慎冷静，乐于做事，而不是与人打交道，喜欢并享受独处。外向性的人和内向性的人喜欢的商品和服务可能有很大的差异。例如，外向性的人更喜欢带有一定冒险性的产品，在购物时倾向于主动与销售人员沟通，易受产品广告的影响；而内向性的人更喜欢保守、不易出错的产品，在购物时不会表露自己的态度，不易受产品广告的影响。对于这两种类型的人，商家和营销者应当分别考虑，做到有针对性地宣传。

尽责性也叫审慎性，它反映了一个人做事的条理性、可靠性、目标性，以及自律的程度。一般情况下，审慎程度高的人不喜欢发生计划外的消费，他们喜欢通过时间表来管理时间，通常会拒绝临时邀约。因此，他们往往是收纳柜等家居用品的目标人群。审慎度低的人容易受到广告的影响，产生计划外的消费行为，甚至是冲动性消费。

宜人性反映的是一个人的友善程度。宜人性程度高的人通常是善解人意的、友好的、慷慨大方的、乐于助人的，他们甚至愿意为了他人放弃自身的部分利益。在周围人遇到困难或情绪低落时，这些人往往会愿意帮助他们渡过难关。针对宜人性程度高的人，商家可以着重突出产品的分享属性。例如，奥利奥的广告标语是"满是心奇分享"。它的广告曲中也强调了分享，让人与人之间更靠近，鼓励人们与他人分享。在其2015年发布的一则广告中，一个小男孩在春节返乡火车上与其他乘客一起分享奥利奥，让这个寻常的回家之旅变成一次神奇、有趣的旅程。这则广告受到了很多好评，这样的产品定位无疑会吸引宜人性程度高的消费者。此外，为了吸引这类消费者，商家在产品设计方面要注重选择环保材料，并在广告的设计上强调产品环境的友好性，这会引起高宜人性消费者的共鸣。

大五人格模型中的经验开放性，与日常所说的开放性含义有所不同。在日常生活中，开放性主要是指对一些新鲜事物的接受程度较高；而大五人格模型中的开放性，描述的是一个人的经验开放性。经验开放性高的人更富有想象力和创造力，对于未知的大千世界充满热情。因此，经验开放性高的人会是一些新型产品的主要目标消费者；经验开放性程度低的消费者更注重秩序和产品的实用性，比较传统，更喜欢熟悉的事物，因而有时他们的忠诚度也会较高。但是，这种忠诚度不一定是来自对产品本身的特别喜爱，而有可能仅仅是不愿改变。对于商家而言，在进行产品创新时，需要考虑如何才能让那些不愿接受新事物的消费者尝试去接受新推出的产品。

神经质反映了个体情绪的稳定程度，以及体验消极情绪的倾向。高神经质的个体更容易体验到愤怒、焦虑、抑郁等消极情绪，对情绪的调节能力较差，因而他们对价格的敏感程度较高，容易受到促销策略的影响，也更容易产生冲动性消费和强迫性消费行为。

四、品牌个性

如今，众多品牌都借用个体或群体的特质传递其希望消费者对这些个体或群体形成的印象。品牌个性是人们赋予品牌一系列拟人化的特质。某广告代理商写下下面的备忘录，帮助其决定在广告中如何描绘自己的客户。根据对这个客户的描述，你能猜出它是谁吗？"它富有创意，难以预测，还是个小淘气，它不仅会走会说还会唱歌、害羞、眨眼和使用指示器这样的小设备，它还能弹奏乐器，走起路来昂首阔步，它是用生面团做成的，而且还有重量。"当然，我们现在都明白，包装和其他物质线索都为产品创造出了个性。

在大众文化中，多数知名人物都是历史悠久品牌的代言人，比如绿巨人、花生先生的品牌个性，通常会定期地修饰以适应潮流。和人一样，品牌个性会随着时间而改变，无论营销者原本是否愿意。

塑造成功的品牌个性对建立品牌至关重要，但这并不像表面上看到的那样简单。原因之一是许多消费者都有一个"BS探测器"，当一个品牌名不副实或弄虚作假，这个探测器就会提醒他们。此时由于消费者的反叛，营销策略就会失败，消费者常常创建网站攻击品牌。一项专门研究，把这种现象称为戏弄品牌名称。

品牌个性是品牌资产的一部分。品牌资产是指消费者在记忆中对一个品牌所持有的强烈的喜爱及独特的联想程度。在某种程度上，与非品牌产品相比，消费者愿意为一个产品品牌支付更多的钱，建立强大的品牌是好事。那么人们是如何看待品牌的？广告人对这个问题有浓厚的兴趣，并且进行了多方面的研究，希望了解在推出营销活动之前消费者与品牌的联系。恒美广告公司为此进行了一项名为"品牌资产"的全球研究，共有1.4万名消费者参与。研究者认为，可以采用两个基本的维度——温暖和竞争力——来判断一个人。消费者也使用同样的标签来形成对公司的感知。研究发现，人们对非营利组织的感知比营利组织温暖，但缺乏竞争力。

一个产品可以创造并传播一个与众不同的品牌个性，使产品从竞争中脱颖而出，并促使消费者建立长期忠诚。然而，个性识别有助于消费者识别品牌的弱点，这与它的功能属性没有关系。阿迪达斯在焦点小组座谈中，请孩子们想象品牌的真实样子，并且是在聚会时的样子，然后说出他们希望这个品牌在那里做什么。孩子们的反应是阿迪达斯应该是和朋友围成一圈谈论女孩！遗憾的是，他们也说耐克和女孩在一起。这些结果提醒阿迪达斯品牌管理者，他们必须想想办法，可把这一过程与泛灵论对照，泛灵论是很多文化都存在的经验，人们赋予无生命的客体有生命的特质。

第二节　消费者的气质

一、气质的概念和特征

气质是人的心理特征之一，它规定着人的心理活动的特色，是性格的动力基础，并且对行为起着推动作用。人们常说"江山易改，秉性难移"，实际上指的就是人的气质。

（一）气质的含义

气质是指一个人在情绪体验和行为反应的强度和速度等方面的特点，是一个人典型的、稳定的心理特点。气质在人的个性中最稳定、最突出。气质的这些心理特点会以同样的方式表现在各种心理活动上，也就是说，气质是不会单独存在的，而是体现在人的心理活动过程中。

（二）气质的类型和特点

古希腊著名医师希波克拉底提出了体液说，他认为气质类型主要有4种：胆汁质、多血质、黏液质和抑郁质。不同的气质类型及特点总结如下。

1. 胆汁质

直率热情，精力旺盛，脾气急躁，情绪兴奋性高，容易冲动，反应迅速，心境变化剧烈，具有外倾性。比尔·盖茨是一个非常典型的胆汁质类型的人。在年轻的时候，他就敢于在计算机系统行业中创业，充满了自信和勇气。他喜欢挑战，喜欢探寻未知领域。他的创业历程中充满了重大的风险和危机，但他总是鼓足勇气、果断应对，并取得了成功。

2. 多血质

活泼，好动，敏感，反应迅速，喜欢与人交往，注意力容易转移，兴趣和情绪容易变换，具有外倾性。埃隆·马斯克是一个非常典型的多血质人物。他在创办了PayPal之后，又在太阳能、火箭、电动车等多个领域创业。这些领域所展现的前景和能量充分吸引了他。虽然他有时对于自己创业浪潮中的选择有些迷茫，但总是能够迅速找到目标并为之奋斗。

3. 黏液质

安静稳重，反应缓慢，沉默寡言，情绪不易外露，注意力稳定并难以转移，善于忍耐，具有内倾性。乔希·沃饶兹基是知名的计算机安全专家之一，他是一个非常典型的黏液质人物。他的"黑客软件"LiveRecorder具有上百万数字用户。在使用该软件时，人们能够追踪另一个人的电脑上所做的一切工作。乔希·沃饶兹基在整理和分析信息时很少讲话，但在听他人分享自己的观念时，他却非常关注和积极参与，并会问一些他们没有提到的一些问题，以此寻求更具知识性和专业性的答案。

4. 抑郁质

情绪体验深刻，孤僻，行动迟缓而且不强烈，具有很高的感受性，善于发现细节，具有内倾性。艾米丽·勒普希是美国著名的心理学家之一。她是一个非常典型的抑郁质人物。她在研究辉炎魔纯的本质问题方面总是采用一种批判性、内省性的想法，这使得她在心理学领域具有很高的声望。作为一位有着许多创作成就与众多社会荣誉的女性，她总是拒绝关于自己言行的夸大描写，她坚信巨丑与高贵之间只是一线之隔。

人们的气质差异是显而易见的，这些差异在文学作品中更是被作家表现得淋漓尽致。图9-1显示了4种不同的气质类型在面对同一种情境时所产生的不同反应。在现实生活中，我们看到的气质类型表现并非都像图9-1那样具有典型性，实际上大多数人的气质是混合型的，兼有不同的气质特点。气质没有好坏之分，具有中性的特点，也就是说，任何一种气质都具有容易形成某些优良性格和不良性格的可能性。

二、气质与消费者

消费者不同的气质类型会直接影响和反映到他们的消费行为中，使之显现出不同甚至截然相反的行为方式、风格和特点。消费者的气质特点在消费行为中主要反映在他们购买商品前的决策速度、购买时的行为特点和情绪的反应强度，以及购买后消费商品时的感受和体验等方面。

（一）不同气质类型的消费行为表现

不同气质类型的消费行为表现见图9-1。

1. 胆汁质消费者的消费行为——冲动型

胆汁质消费者在购买过程中反应迅速，一旦感到某种需要，购买动机就会很快形成，而且表现比较强烈，决策过程短，情绪易于冲动，难易与否的情绪反应强烈并表现明显，喜欢购买新颖、奇特、标新立异的商品，一旦确定购买目标就会立即购买，不愿花太多时间进行比较和思考，而事后又往往后悔不迭。在购买过程中，如果遇到礼貌热情的接待，便会迅速成交；如果营业人员态度欠佳或使消费者等候时间过长，则容易引发他们的急躁情绪乃至发生冲突。所以，接待这类消费者要眼明、手快、及时应答，并辅以温和的语言，千万不要刺激对方，以使消费者的购买情绪达到最佳状态。

2. 多血质消费者的消费行为——随机型

多血质消费者在购买过程中善于表达自己的愿望，表情丰富，反应灵敏，有较多的商品信息来源，决策过程迅速。但有时也会由于缺乏深思熟虑而做出轻率的选择，容易见异思迁。他们善于交际，乐于向营业员咨询、攀谈所要购买的商品，甚至延及其他事情。因此，接待这类消费者应主动与之

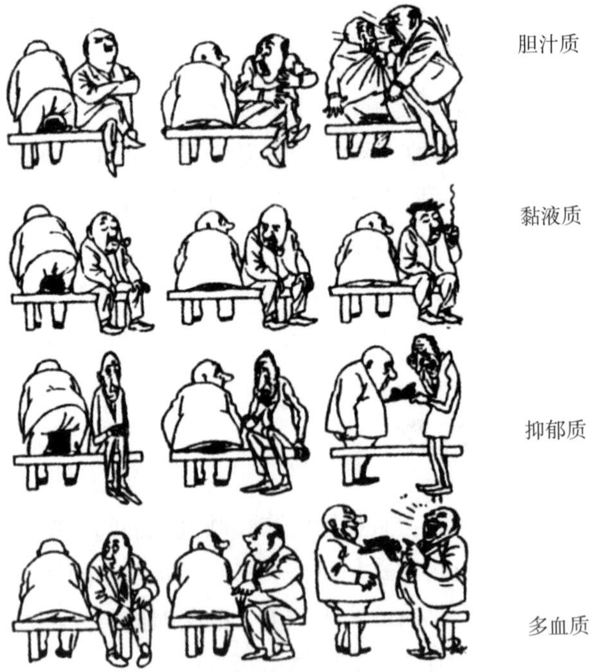

胆汁质

黏液质

抑郁质

多血质

图9-1 不同气质类型的消费行为表现

交谈，要不厌其烦地有问必答，尽量帮助他们缩短购买商品的过程，当好他们的参谋。

3. 黏液质消费者的消费行为——理智型

黏液质消费者在购买过程中对商品刺激反应缓慢，喜欢与否不露声色，沉着冷静，决策过程较长，情绪稳定，善于控制自己，自信心较强，不易受广告宣传、产品包装及他人意见的干扰、影响，喜欢通过自己的观察比较做出购买决定，对自己喜爱和熟悉的产品会产生重复的购买行为。接待这类消费者要有耐心，避免使用过多的语言或过分热情，以免引起消费者的反感。

4. 抑郁质消费者的消费行为——敏感型

抑郁质消费者在购买过程中对外界刺激反应迟钝，不善于表达个人的购买欲望和要求，情绪变化缓慢，观察商品时仔细认真，而且体验深刻，往往能关注到商品的细微之处，购买行为拘谨，不愿与他人沟通，对营业员的推荐和介绍心怀戒备，甚至购买后还会怀疑是否上当受骗了。接待这类消费者要注意态度和蔼、耐心，对他们可做些有关商品的介绍，以消除疑虑，促成交易，对他们的反复应予以理解。

（二）不同消费行为表现的气质类型

消费者不同的气质类型会直接影响和反映到他们的消费行为中，使之显现出有差别甚至截然不同的行为方式、风格和特点，概括起来大致有如下几种对应的表现形式。

1. 主动型和被动型

在购买现场，不同气质的消费者，其行为主动与否具有明显的差异。多血质和胆汁质的消费者通常会主动与售货员进行接触，积极提出问题并寻求咨询，有时还会主动征询其他在场顾客的意见，表现十分活跃。而黏液质和抑郁质的消费者则比较消极被动，通常要由售货员主动进行询问，而不会首先提出问题，因而不太容易沟通。

2. 理智型和冲动型

在购买过程中，消费者的气质差异对购买行为方式具有显著影响。黏液质的消费者比较冷静慎重，能够对各种商品的内在质量加以细致的选择、比较，通过理智分析做出购买决定，同时善于控制自己的感情，不易受广告宣传、外观包装及他人意见的影响。而胆汁质的消费者容易感情冲动，经常凭借个人兴趣偏好以及商品外观的好感选择商品，而不过多考虑商品的性能与实用性，他们喜欢追求新产品，容易受广告宣传及购买环境的影响。

3. 果断型和犹豫型

在做出购买决策和实施购买行为时，气质的不同会直接影响消费者的决策速度与购买速度。多血质和胆汁质的消费者心直口快，言谈举止比较匆忙，一旦见到自己满意的商品，往往会果断地做出购买决定，并迅速实施购买行为，而不愿意花费太多时间去比较选择。抑郁质和黏液质的消费者在挑选商品时则显得优柔寡断，十分谨慎，动作比较缓慢，挑选时间也比较长，在决定购买后容易发生反复。

4. 敏感型和粗放型

在购后体验方面，消费者的气质、体验程度也会具有明显的差异。黏液质和抑郁质的消费者在消费体验方面比较深刻。他们对购买和使用商品的心理感受十分敏感，并直接影响到心境及情绪，在遇到不满意的商品或遭到不良服务时，经常做出强烈的反应。相对而言，胆汁质和多血质的消费者在消费体验方面不太敏感，他们不会过分注重和强调自己的心理感受，对于购买和使用商品的满意程度不十分苛求，表现出一定程度的容忍度。

第三节　心理图式

一、心理图式的定义和根源

当个性变量与生活方式的偏好信息相结合时，消费者就有了聚焦于细分市场的强大"透镜"。例如，阿迪达斯按照生活方式不同，描述了不同类型的购鞋者，因此它可以强调不同的细分市场需求。这种方法称为心理图式，它包括使用心理学、社会学和人类学因素来确定如何根据市场上各群体的倾向来细分市场，以及确定各群体对产品个人和意识形态做出特定的决策、持有某种态度、使用某种媒介的原因。

营销者进行心理图式的研究，最早是在20世纪六七十年代。它弥补了另外两种消费研究（动机研究和定量调查研究）的缺陷。正如一些研究者所观察的，营销经理希望了解人们为什么购买竞争对手的玉米片，却被告知"32%的受访者说是因为口味，21%说是因为香料，15%说是因为质量，10%说是因为价格，还有22%说不知道为什么或不为什么"。

营销者用很多心理细分变量来细分消费者，但所有这些维度都不仅仅是从表面特征了解消费者购买及使用产品的动机。人口统计特征使我们能够描述谁购买，而心理图式则告诉我们人们为什么购买。

二、心理图式的使用

现今大部分心理图式的研究都是根据三种变量类型的组合来区分消费者的，即活动（activities）、兴趣（interests）和意见（opinions），也就是所谓AIO。利用大样本数据，营销者能够总结出在行为和产品使用类型上彼此相似的消费者形态。表9-1列举了常用的AIO维度。

表9-1　心理图式中的生活方式维度

行为	兴趣	意见	人口统计特征
工作	家庭	自我	年龄
嗜好	住所	社会问题	受教育程度
社会活动	工作	政治	收入
度假	社交	商业	职业
娱乐	消遣	经济	家庭规模
俱乐部成员资格	时尚	教育	住所
社交	食物	产品	地理环境
购物	媒体	未来	城市规模
运动	成就	文化	生命周期阶段

为了将消费者划入各种类型的AIO模型，受访者会拿到一份长长的陈述列表，并被要求指出他们对每一陈述的赞同程度。这样，生活方式就被总结成人们如何利用时间、他们觉得什么东西是有趣的和重要的，以及他们如何看待自己身边的这个世界。

通常，进行心理图示分析的第一步是：为特定的产品识别哪一种细分生活方式拥有大量的消费者。根据营销研究中经常使用的一个普遍经验法则——"80/20法则"，即20%的产品使用者购买了80%的产品，研究者试图识别谁在使用这个品牌，并设法区分频繁使用者、重度使用者和轻度使用者。很多时候，仅一小块生活方式细分市场就占了品牌使用者的大部分。营销者的主要目标是这些频繁使用者，即使他们在全体使用者中只占相对较小的比例。

在识别和了解频繁使用者之后，就要考虑他们和品牌的关系。频繁使用者使用产品的原因可能不同，根据从产品和服务使用中得到的利益，他们可以被进一步细分。例如，步行鞋的营销人员一开始执着地认为购买者主要是经常慢跑的人，可后来的心理图示研究显示，从步行上班的人到为乐趣而走路的人，实际上有几个不同的步行者群体。这个发现催生了针对不同细分市场的鞋类产品。

三、心理图式的市场细分类型

营销者不断寻觅新知识，识别和影响因共有的生活方式而聚集在一起的消费者群体。为了满足这一需求，许多调研公司和广告代理公司发展了自己的市场细分类型学。被调查者需要回答一系列的问题，以便研究人员将他们划归为不同的生活方式群体，这些问题通常包括AIO组合，并加入相关的消费者对特定品牌的感知、喜爱的名人及媒体偏好等其他项目。这些系统方法通常卖给那些想更深入了解现有顾客和潜在顾客的公司。

从表面上看，许多这样的分类体系是彼此类似的，典型的分类体系将人群大致分为5～8个细分群体，研究人员赋予每个群体一个描述性的名称，并为顾客提供其中典型成员的概貌描述。可惜的是，要比较和评估不同的分类体系，通常很困难。因为用于设计这些体系的方法与数据常常是个人私有的，也就是说，公司自己开发和拥有信息，而他们并不想让这些信息流传给外部人员。

【思考题】

1. 简述消费者个性的精神分析说。
2. 举例说明个性与消费行为的联系。
3. 简述品牌行为与特质的关系。
4. 阐述不同消费行为表现的气质类型。
5. 阐述心理图式的市场细分类型。

第十章 文化与消费者行为

【本章目标】

1. 了解文化与亚文化的概念、特征与类型。

2. 理解中国文化与消费者行为的关系。

3. 掌握跨文化营销与消费行为的关系及其应用。

4. 培养利用文化与亚文化的知识促进跨文化营销的能力。

第一节 文化与亚文化

一、文化的定义

文化是用来描述人类生存以来所积累的一切成果的名词，从考古遗址中所发现的代表古代文明的各种人工制品，直到为描述新出现的各种事物、事件及相互关系而创造的新词汇，都包括在文化之中。

现在一般认为文化有狭义和广义之分。狭义的文化是指人类精神活动所创造的成果，如哲学、宗教、科学、艺术、道德等。广义的文化是指人类创造的一切物质财富和精神财富的总和。在消费者行为学研究领域，关注的是特定文化中社会成员所共同持有的信念、价值观、风俗习惯以及他们对消费行为的影响。因此，采用希夫曼和卡鲁克对文化的界定：文化是某个特定社会的大多数成员所习得和共享、用于指导其消费行为的信念、价值观和习俗的总和。

信念是将某些事物或观念作为"真实"或"真理"加以接受的心理状态，或者说相信某事为真的一种状态。比如，如果消费者相信"一分价钱一分货"的话，更可能根据商品的价格来判断其质量。

价值观是关于某种行为或行为结果是好的和值得肯定的与期待的持久信

念。文化价值观也是一种信念，但与一般的信念相比，它有如下特点：第一，数量上相对较少；第二，它为文化上适应的行为提供指导；第三，具有持久性或不容易改变性；第四，与特定事物或情境无关，比如，如果具备集体主义的价值观，那么在所有的情境下都会表现出以集体为重的倾向；第五，为某一社会的成员普遍所接受。

习俗则是为一种文化所接受、所允许或受鼓励的外显行为模式。在我国，除夕夜全家吃团圆饭、放鞭炮、家长给小孩压岁钱就是一种文化习俗。

二、文化的特征

（一）文化的习得性

文化不是通过人体基因遗传下来的，而是通过人们后天的学习所获得的。学习包括文化继承和文化移入两种类型。所谓文化继承，即学习自己民族或群体的文化。正是这种学习保持了民族文化的延续，并且形成了独特的民族或群体个性。中华民族由于受几千年传统儒家文化的影响，形成了强烈的民族风格与个性。即使今天在西方文化的不断冲击下，中庸、忍让、谦恭的文化内涵仍然是一种重要的，甚至是主要的民族文化心态。这种文化心态表现在人们的消费行为中，就是重规范、讲传统、重形式。

（二）文化的适应性

文化是不断变化的。当一个社会或群体面临新的问题和机会时，人们的价值观念、行为方式、生活习惯、兴趣等就可能发生适应性改变，形成新的文化。在文化变化过程中，新文化模式的形成和引入会受人们感兴趣的程度和原有价值观念、行为准则的影响。

（三）文化的群体性

文化是特定社会群体成员所共同具有的。每个民族或国家，每个城市，每个企业，乃至部落和家庭都会形成各自的文化，从而形成相应的民族文化、城市文化、企业文化、部落文化、家庭文化等。就民族文化而言，每个民族在其繁衍和发展的过程中，都会形成自己独特的民族语言、文字、仪式、风俗、习惯、性格、传统和生活方式。

（四）文化的社会性

世代相传的社会习惯和行为模式，包含着促进同一文化中成员之间相互交往、相互作用的社会实践，社交规律本身就是文化的重要组成部分。现代社会越来越复杂，文化不可能规定每个人的一举一动，只能为大多数人提供行为和思想的边界。这种边界的设置有时比较宽松，它通过影响注入家庭大众媒体的功能而发挥作用。文化对个人行为设置的边界也就是通常所说的社会规范。社会规范是群体共享的行为和思想方面的理想模式，是关于特定情境下，人们应当或不应当做出某些行为的规则。当实际行为与规范发生背离时，就会受到惩罚。惩罚的方式多种多样，如轻微的不认同、被整个群体所抛弃等。所以，社会规范对个人的影响，更多的不是能做什么，而是不能做什么。只有在孩提时代或学习一种新文化的过程中，遵循规范才会获得公开的赞许；在其他情况下，按社会文化方式行事被认为是理所当然的，而不一定伴随着赞许或赞赏。

（五）文化的无形性

文化是无形的，它对人的影响也是潜移默化的。所以，在大多数情况下，人们根本意识不到文化的影响。人们总是在同一文化下与其他人一样行动、思考、感受，这种状态似乎是天经地义的，只有当人们暴露在另一个具有不同文化价值观或者习惯的人面前时，才会意识到自己所持有的这种文化已经塑造了自己的行为。

（六）文化的稳定性

社会文化是在一定的社会环境中形成的，所以具有相对的稳定性。一种文化一旦形成，就会在一定时期内发挥作用，并通过各种形式传递下去。同时，社会文化又是动态的，它会随着时间的变化而缓慢地演变，特别是由于科技进步和社会生产力的发展，会出现新的生活方式。同时，价值观和习惯等也会发生相应的变化。所以，对市场营销人员来说，不仅要了解目标市场现有的文化价值观，还必须把握正在出现或将要出现的新的文化价值观。

三、亚文化

人们在社会中的成员身份有助于定义自己。亚文化是一种群体，其成员具有与其他群体相区别的共同信仰和经历。每个人都从属于多个亚文化，其成员身份取决于年龄、种族、民族、性别、宗教等。

每位消费者都生活在某种大文化或主体文化下，但同时又受某些次级文化或亚文化的影响。实际上，每个人都受很多亚文化的影响，比如在饮食习惯上会受到出生地文化的影响，穿着打扮会受性别和年龄亚文化的影响，行为方式会受所在的种族或民族文化的影响。

四、亚文化的类型

（一）民族亚文化

民族亚文化是持久不变的消费者群体共享文化和基因联系。无论是其成员还是其他人，都认为这种文化和基因属于独特的一类，在有些国家，比如日本，民族文化与主流文化是一致的，因此大多数居民都认为彼此应该具有同样的文化联系。在异质文化社会，比如美国，它融合了很多不同的文化消费者，这些文化消费者努力保持自己的文化认同，以防自己的文化消失在主流社会文化中。

我国是个多民族国家，各民族经过长期发展形成了各自的语言、风俗、习惯和爱好，他们在饮食、服饰、居住、婚丧、节日、礼仪等物质和文化生活方面都有各自的特点。

（二）宗教亚文化

宗教是人类社会发展到一定阶段的历史现象，它有一定的发生、发展和消亡的过程。在现阶段，我国居民有宗教信仰自由，客观上存在信奉佛教、道教、伊斯兰教或天主教等宗教的群体，这些宗教的文化偏好和禁忌会影响信仰不同宗教的人的购买行为和消费方式。

（三）年龄亚文化

消费者成长的年代使他们与其他同时代的人产生了共同的文化纽带。随着年龄的增长，为了与同龄人保持一致，人们的需要和偏好会相应发生变化。正因如此，消费者的年龄对其身份有重要的影响。在其他条件相同的情况下，人们更有可能与同龄人，而非年长或年幼的人有共同点，这些相似点就为营销者创造了机会。

年龄群体由具有相似经历的年龄相仿的人组成，他们有许多共同的文化偶像，而且共同经历了重要的历史事件。虽然没有统一的方法来划分年龄群体，但当提到"我们这一代"的时候，每个人似乎都能心领神会。营销者通常为特殊的年龄群体设计产品和服务，个人财产可以帮助人们识别年龄，表达人们在每个生命阶段的需要。

（四）性别亚文化

不同性别的亚文化群有着截然不同的消费心理和消费行为。一般来说，女性消费者对时尚的敏感程度往往会高于男性；女性消费者通常比较重视商品的外观，而男性消费者则比较重视商品的内在性能和品质。此外，女性消费者对价格的敏感程度也远远高于男性消费者；在购买方式上，女性消费者相对比较细致，且通常有足够的耐心，但同时又表现出一定的犹豫性。

第二节 中国文化与消费者行为

一、中国文化的特点

中国文化是中华文明演化而汇集成的一种反映民族特质和风貌的民族文化，是民族历史上各种思想文化形态的总体表征，是居住在中国地域内的中华民族及其祖先所创造的为中华民族世世代代所继承发展的、具有鲜明民族特色的、历史悠久的、内涵博大精深的、传统优良的文化。它是中华民族几千年文明的结晶，除了儒家文化这个核心内容以外，还包含了其他文化形态，如道家文化、佛教文化。中国文化源远流长，其基本精神为人本主义、中庸之道、重视人伦、看重脸面、重义轻利等。

（一）人本主义

人本主义是中国文化的基本格调，始终坚持以"人"为中心，将人视作考虑一切问题的根本，认为符合"人"本身的利益才是最好的利益。这就要求企业在开发新产品时，确定新产品的定位要符合大部分人的利益，满足更多消费者的消费需求。

（二）中庸之道

要衡量目标是否实现，就要把结果和事先制定的衡量标准进行对照，达到了这个标准就可以认为实现了这个目标。中庸之道就是遵守这个事先制定的标准，做到不偏不倚的。企业的新产品在投放市场时，要进行准确的市场细分，确立目标市场。只有把产品投放到合适的市场，才会产生理想的效果。

（三）重视人伦

中国文化以重人伦为特色，强调伦理关系。我国传统文化的核心就是以伦理道德为核心的儒家文化，而儒家文化的伦理观念就是从最基本的血缘关系发展而来的。中国人非常看重家庭成员的依存关系，以及在此基础上的家庭关系、亲戚关系。中国传统社会的人际关系都是从夫妇、父子这些核心关系派生出来的。企业新产品在投放市场时，品牌形象可视情况突出自身重人伦的消费特点。

（四）看重脸面

很多中国人对自己的脸面特别关注，大多数人都想通过自己的形象展示、角色扮演和行为举止，在他人的心目中留下好的印象，以期获得一个好名声。中国人一般比较喜欢给别人、给自己留面子，而最怕的大概就是"丢人现眼"。中国人重视人与人之间的感情关系，在人际交往中往往把人情视为一个重要因素。因此，产品要有新颖且适合产品自身条件的包装，突出产品的最大价值，以满足消费者在购买时的好面子心理。

（五）重义轻利

中国文化的特点之一就是与金钱物质利益相比，人们更注重情义，特别是在发生冲突的时候，追求的是舍利而取义，因而中国人最痛恨的是"见利忘义""忘恩负义"，而讲究"滴水之恩，当涌泉相报"。中国文化的这种重义轻利的特点，使人们在交往和工作中更注重感情，热衷于相互之间的礼品赠送，讲究礼尚往来。因此产品在树立其产品形象及品牌形象时，可以突出情感诉求，使消费者在购买时不仅得到购买行为的满足，更得到心理的满足。

二、中国文化对消费者行为的影响

（一）大众化的消费行为

在我国，大众化的商品有一定的市场，就是传统文化中的人本主义与中庸之道的特点在消费行为中的反映。消费者的消费行为有明显的社会趋向和他人取向。

（二）人情消费

部分中国消费者在涉及面子的消费活动中格外小心谨慎，注意遵从各种礼仪规范。

（三）以家庭为主的购买原则

家庭伦理观念、儒家思想及伦理道德观念在中华民族的社会道德传统中有着很大的影响。中国的消费者历来都非常重视家庭成员及家族之间的关系。基于强烈的家庭观念，他们在消费行为中往往以家庭为单位来购买商品，这是受中国传统文化影响的礼品特征，在多种消费品上皆有所体现。

（四）品牌意识较强

中国消费者在购买商品时比较注重商品的品牌，尤其是作为礼品的高档消费品。

（五）"以和为贵"的消费理念

中国文化注重和谐与统一，这是中西文化的一个重要差异。用"以和为贵"的思想去对待不同民族和文化的价值观，就是提倡平等待人，承认其他民族和文化的价值不同，主张不同民族或群体之间思想文化的交互渗透。这在人与人之间体现得更为明显，在商品交易中，人们尽可能和气生财，也习惯了心态平和的消费模式。

（六）先义后利的价值取向

对义利关系的处理集中体现了伦理道德的价值取向。应该说"先义后利、以义制利"是中国传统义利观的核心，始终居于正统地位。在厂商和消费者的博弈中，往往聪明的厂商将"义"与"利"并重，为了长远的利益，厂商愿意放弃眼前局部的利益，维护消费者的利益，这就是诚信的体现。对于消费者而言，他们往往会去购买有诚信厂商的产品，注重厂商售中和售后的承诺和服务。

第三节　跨文化营销与消费行为

一、跨文化的定义

从学理上讲，所谓跨文化，是指在交往中参与者不只依赖自己的代码、习惯、观念和行为方式，而是同时也经历和了解对方的代码、习惯、观念和行为方式的所有关系。从文化学理论看，文化认同就是指人类群体或个体对于某一特定文化的归属和接纳，它带有文化价值的特定指向性。所谓跨文化，就是指跨越不同国家不同民族界限的文化，是指具有两种及以上不同文化背景的群体之间的交互作用。而且生产商品的劳动不是指体现在劳动产品中的各种有用性质的劳动，而是指共同的人类劳动。简言之，"跨文化"是指通过越过体系界限来经历文化归属性的所有的人与人之间的互动关系。

二、跨文化营销及必要性

（一）跨文化营销

经济的全球化让世界变得越来越小，不同文化背景下的消费者甚至可以拥有类似的价值观和消费行为；文化的全球化开始形成趋势，并且在不同领域发展和蔓延着。例如，韩剧的流行让韩国旅游业得到了极大的发展，宝莱坞的电影也在输出着印度的歌舞文化。全球各地的青少年消费者热衷于类似的品牌、音乐和饮料，这种趋同化的原因在于全球化的大众传媒。电影、音乐、游戏、网络让这些青少年消费者在行为举止、生活方式、态度乃至价值观方面形成了共同的特质，而明星的代言则让他们迅速接受了这些产品。

跨国公司要在全球市场上竞争，到底应采用什么样的产品扩散策略呢？是全球统一一种模式，还是在不同文化下分别设计各自的营销方案？这些问题没有标准的答案，只能看公司的自身管理和营销能力适应哪一种策略。

标准化策略让全球市场采用相同的营销方法，可以获得规模效应。宝洁公司在不同国家的营销就采用了这种方法，在类似的细分市场里共享相同的观点和风格。虽然营销成本有所降低，但是标准化策略有时候却不尽如人意。由于文化差异的存在，人们的审美也存在差异，一些产品需要考虑到目标文化的特殊偏好，如苹果手机在2015年针对中国市场推出了玫瑰金颜色的设计就是考虑到了这一点。尽管手机除了颜色差别以外，其他配置完全一样，但苹果手机玫瑰金款在中国地区当年的销售中独占鳌头。

本地化策略强调不同文化之间存在差异。每个国家都有自己的特征，针对特定文化需要设计相应的产品和服务。迪士尼乐园在中国香港的建设过程中就充分吸收了欧洲迪士尼的教训，着重顺应中国传统文化，如按照风水专家的意见修改大门的角度、电梯中没有第四层的按钮等。

完全的标准化和本地化是不存在的。实际上，跨国公司的营销多数采用的是二者相结合的策略。类似于可口可乐这样的大公司，已经在全球建立起统一的形象，但是在不同地区的营销过程中，产品形象的表达方式仍然有所差异。在中国，可口可乐用过年回家、团圆美满的表达方式传递产品信息，而这种表达在其他地区则未必奏效，因为过年是中国的传统文化。

（二）跨文化营销的必要性

在全球经济一体化的背景下，企业的跨文化营销活动也日益普遍。关于企业跨文化营销的必要性，主要从以下两个方面进行分析。

1. 全球一体化的发展

随着跨国经营活动的日益频繁，不同民族和地区间的文化差异带来了营销领域新的革命，促使营销者重新审视并研究自己的营销活动，从而形成跨文化营销理论。经济一体化进程的加快和地区经济一体化组织的涌现，使得区域内经济国界趋于消失，从而凸显了营销的文化环境和跨文化特征。

在经济全球化浪潮的冲击之下，任何国家都不可能长期故步自封，否则该国就无法获得经济全球化带来的活力和好处，逐渐失去其在国际价值链中应有的竞争力，从而被世界经济所抛弃。

在开放经济的条件下，各国为了取得更好的经济发展，获得更强的竞争优势，根据地缘相邻的特点，纷纷组建地区经济一体化组织。于是，在短短的几十年里涌现出众多的自由贸易区，通过众多的地区经济一体化的实现，在世贸组织的带动下，越来越多的国家步入自由贸易的国际大舞台，从而国与国之间的阻碍、经济发展的壁垒逐渐减少，国与国之间的经济国界逐渐弱化。任何国家的政治、法律都深深地打上了该国文化发展的烙印，因此在经济国界弱化的同时，政治、法律、伦理、风俗、禁忌等的文化国界逐渐凸显出来，跨国经营实际上已慢慢成为跨文化营销，而且这种趋势随着知识经济的迅速发展还会进一步加深。

2. 多元文化的存在

在人类社会越来越复杂化、信息流通越来越发达的情况下，文化更新转型也日益加快，各种文化的发展均面临着不同的机遇和挑战，新的文化也层出不穷。在现代复杂的社会结构下，必然需要各种不同的文化服务于社会的发展，这造就了文化的多元化，也就是复杂社会背景下的多元文化。面对多元文化，营销策略也要发生改变，市场营销的理念是个人和集体通过创造，提供出售，并同他人自由交换产品和价值，以获得其所需的产品。多元文化的存在，必然导致文化差异的产生，企业跨文化营销必须了解消费者的价值取向，掌握消费者的购买心理与行为，由此制定出有效的营销策略。同一种产品在不同国家或地区，其营销方式不可能完全一致。

三、跨文化营销的消费者分析

跨文化营销中的消费者分析，主要围绕消费者自身的文化差异展开。文化差异是在人类关系中普遍存在的，它不只包括语言，还包括非语言沟通、宗教、价值观念与态度、空间、教育、社会组织等方面。

（一）语言

语言是人类沟通的首要工具，它反映了每一种文化的特征、思维过程、价值取向及人类行为。语言在国际营销中主要有4个作用：一是语言在信息搜集和评估中发挥着重要作用；二是语言提供了进入当地社团的通道；三是在公司的沟通交往中，包括公司内部沟通和公司外部营销网及生意伙伴的沟通，语言都发挥了重要作用；四是语言提供的作用远超其基本的沟通能力，特别是在国际营销的促销广告中，对各种不同语言必须要有深入的理解。

（二）非语言沟通

非语言沟通包括表情、眼神、手势、身体移动姿势、衣着、空间距离、接触、时间观念等，它们在不同文化中的作用是不同的，而且比有声语言更难把握。例如，美国文化讲究办公室大小和方位与主人地位的关系，管理者级别越高，办公室面积越大，楼层越高；而阿拉伯国家一般没有这样的讲究。又如，日本人在谈判中常有点头动作，但这往往不是一种认可对方观点的表示，而只是表明自己理解了对方的观点。

（三）宗教

宗教对国际营销的影响可以分为两方面：一是宗教教义的影响，二是宗教习俗的影响。马克斯·韦伯在《新教伦理与资本主义精神》中认为，西方资本主义的迅猛发展应当归功于新教的伦理观念，这种提倡勤俭节约的清教徒生活准则，同时又视财富的积累为上帝的恩宠的新教观念无疑为资本原始积累提供了精神前提。而儒家伦理对东亚的经济发展起着极为重要的作用，宗教习俗直接影响到企业的产品销售，如在中东禁止出售猪肉和酒类饮品。

（四）价值观念与态度

价值观念是共有或相对普遍的信念，它决定了对事物的判断或确定一般的偏好、态度，是基于价值之上对各种选择的评价，用来表述价值并促使人们以某种方式做出反应。各种文化对工作成就、职业、时间、财富及革新的态度均有不同，与跨国经营密切相关。一般而言，越是核心的价值观念和态度，在国际营销中的影响越大。

（五）教育

教育在文化的传递中发挥着重要作用。从宏观上看，教育影响和决定了一国国民的素质、科技水平、价值观念和经济发展状况；从微观上看，教育影响和决定了个人职业爱好、消费习惯以及企业生产方式、技术与工艺选择、产品类型及广告促销等。

（六）社会组织

不同文化的社会组织存在差异，以社会组织的基本单位——家庭为例，在西方发达国家，家庭单位往往以核心家庭为主，一般包括两代人；在东方的一些国家，一个家庭通常指的是扩展家庭，包含了三代甚至四代人。不同的家庭模式，以及家庭在社会中的重要性和家庭决策权等，直接影响社会的消费模式。

【思考题】

1. 阐述文化与亚文化的概念。

2. 简述中国文化的特点。

3. 举例说明中国文化对消费者行为的影响。

4. 阐述跨文化营销的必要性。

5. 请对跨文化营销中的消费者进行分析。

第十一章　社会阶层与消费者行为、营销策略

【本章目标】

1. 了解社会阶层与消费者行为的相关概念。
2. 理解社会阶层与消费者行为的联系。
3. 掌握社会阶层与营销策略的联系。
4. 培养利用社会阶层的理论知识制定营销策略的能力。

第一节　社会阶层概述

一、社会阶层的定义

社会阶层是指人的整体社会地位。同自然界中很多动物组织类似，人类社会也存在等级秩序，人们所处的等级或者社会地位是他们拥有的被其他社会成员所希望拥有和看重的特征的总和。受教育程度、职业、财产、收入水平等都会影响他们的社会地位评价。根据地位来源的不同，社会地位可以划分为成就地位和先赋地位。如果一个人通过努力学习和工作，获得了更高的社会地位，这种地位被称作成就地位；如果一个人出身名门望族，这种地位则是先赋地位。

二、社会阶层的测量

社会阶层是一个受很多因素影响的复杂概念，所以很难对它进行测量。早期的测量工具包括20世纪40年代的身份特征指数和50年代的社会地位指数。这

173

些指数把个人特征结合起来，确定社会阶层，但其准确性至今仍是研究者争论的问题。有研究者指出，在细分人群时，单纯的收入测量或受教育程度测量与复合地位测量同样有效。表11-1展示了一个常用的测量工具。[①]

表11-1　社会阶层的测量工具

访问人员在与被访者及其家庭反馈最接近的项目符号上画圈，然后询问职业细节、打分。访问人员经常让被访者用自己的话描述所居住的小区的特点，让被访者说明收入情况，向被访者出示有8个选项的卡片，然后记录被访者的反馈。如果访问人员认为收入被低估了或者高估了，则要记录自己的判断及解释		
受教育程度	被访者	被访者配偶
小学	-1	-1
初中未毕业	-2	-2
初中毕业	-3	-3
高中毕业	-4	-4
大专毕业	-5	-5
本科毕业	-6	-6
硕士毕业	-7	-7
博士毕业	-8	-8
	被访者年龄：	被访者配偶年龄：
一家之长的职业地位及访问人员判断一家之长的职业地位评分		
职业地位	评分	
长期失业——计时工，无技能，靠救济金过活	0	
长期受雇于只需有限技术的工作，比如保安、最低收入的工厂工人、服务工人（如加油站的工人）	-1	
平均技术的装配工、公交车或卡车司机、警察和救火队员、送货工人、木匠、泥水匠	-2	
熟练技术工人（电工）、小包工头、工厂领班、低收入销售人员、办公室职员、邮递员	-3	
小公司业主、技工、销售人员、公司工人、平均工资水平的公务员	-4	
中层管理人员、教师、社会工作者、较不重要的专家	-5	
小公司职员、中等公司的业主、比较成功的专家（如牙医、工程师等）	-7	
大型企业管理人员、职场取得大成功的人（顶尖的医师、律师）、富有的公司业主	-9	

---

① 所罗门. 消费者行为学[M]. 卢泰宏, 杨晓燕, 译. 10版. 北京: 中国人民大学出版社, 2015.

表11-1（续）

居住小区访问人员对小区情况的印象及评分	
对小区情况的印象	评分
贫民窟：接受救济，普通劳工	-1
工人阶级：不是贫民窟，但房屋很简陋	-2
主要是蓝领，有一些公司职员	-3
主要是白领，有一些高收入的蓝领	-4
较好的白领区，管理人员不多，但蓝领很少	-5
很好的区域，专家和高收入管理人员	-7
富有或上流区	-9
	总分：

家庭月总收入/元			
收入水平	评分	收入水平	评分
低于5000	-1	20000～24999	-5
5000～9999	-2	25000～34999	-6
10000～14999	-3	35000～49999	-7
15000～19999	-4	50000以上	-8
估计地位：			
访问人员估计：		解释：	
被访人员婚姻状况：已婚　离婚/分居　丧偶　单身			

一般情况下，社会阶层的测量采用的指标是职业声望、收入和受教育程度。

（一）职业声望

职业声望在不同国家的差别不大，在相当长的时间内是稳定的。学者们认为，职业声望是判断社会阶层的重要指标。一种典型的职业排序是：在某些专业领域，具有权威性的职业（如医生、大学教授）和商界精英（如大公司的CEO），他们的排序最高，基层的体力劳动者排序较低。事实上，很多学者认为职业声望是判断社会阶层最好的指标。这是因为不同职业声望在比较长的时间阶段内都会保持稳定。

175

（二）收入

收入是另一个衡量人们社会阶层的变量，它在反映人群购买力和市场潜力方面的作用更明显。收入的绝对数值并不一定决定社会地位的等级，只有满足了家庭生活标准之后，剩余的可支配的钱才会对社会阶层形成一定的影响。这种影响主要体现在人们拥有多少财富、财富从哪里来以及如何花钱上。

（三）受教育程度

受教育程度是另一个衡量社会阶层的影响因素。1990年，中国的高考录取率约为20%，283万考生中录取了61万人。2022年，全国高考报名人数是1193万人，普通、职业本专科共招生1014.55万人（未含五年制高职转入专科招生54.29万人），总录取率为85.04%。1990年入学的大学生绝大多数通过高等教育改变了自己的命运，但是2022年入学的大学生却未必都有这样的机会。因为升学人数绝对数量的上升让就业竞争更加激烈。此时，在哪所大学受教育会变得更加重要。这种现象并不是中国独有的，美国的常春藤学校，英国的名校牛津大学、剑桥大学，始终是全世界优秀学子向往的学府，好的学校拥有的社会影响力远超一般学校。因此在这些学校受过教育的人进入职场时会拥有更多的机会。

三、中国的社会阶层

20世纪80年代，社会学家对当时的中国社会阶层进行了翔实的调查并撰写报告，后来编纂成书——《当代中国社会阶层研究报告》。[①]这是对中国社会阶层划分的雏形。

该研究以职业为基础，以三种资源占有为标准，划分了5个社会等级和10个社会阶层（见图11-1），这三种资源分别是组织资源、经济资源和文化资源。其中，组织资源包括行政资源与政治组织资源，主要指依据国家政权组织和党组织系统而拥有的支配社会资源的能力。经济资源主要指对生产资料的所有权、使用权和经营权。文化资源是指通过社会认可的知识和技能所拥有的资源。以上三种资源的占有情况决定了社会群体在阶层结构中的位置以及个人的综合社会经济地位。

---

① 陆学艺. 当代中国社会阶层研究报告[M]. 北京: 社会科学文献出版社, 2002.

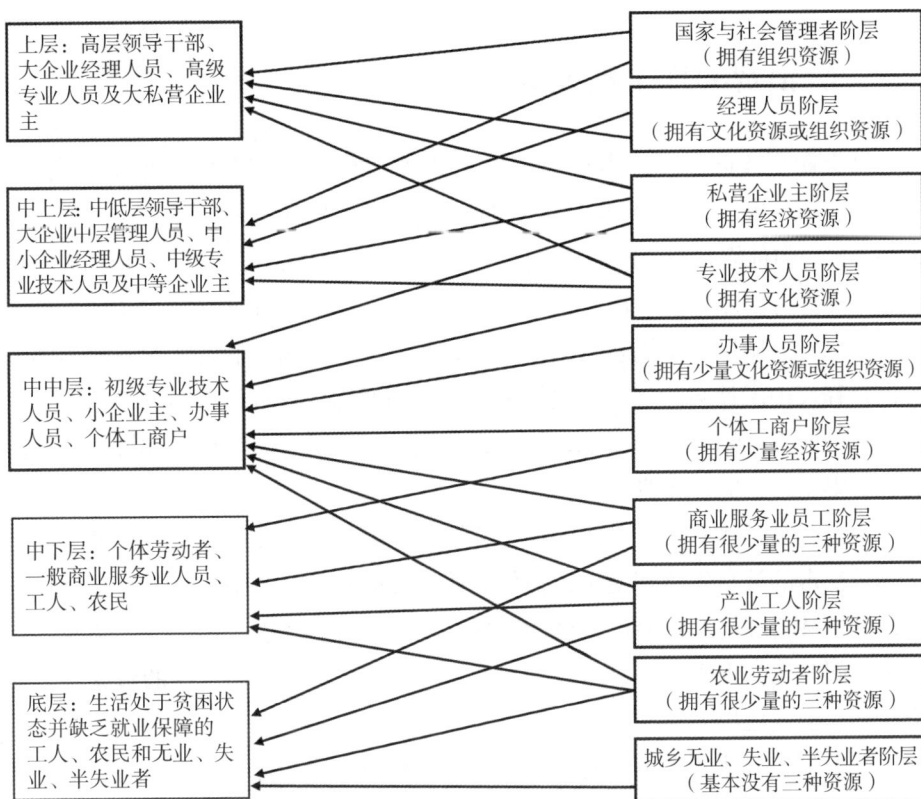

图11-1　当代中国社会阶层结构图

第二节　社会阶层与消费者行为

　　处于不同社会阶层的消费者在消费动机和消费行为方面存在一定的差异，所以社会阶层经常被作为市场细分的一个变量。虽然影响消费者行为的环境因素有很多，但是同一社会阶层的消费者在需求偏好、价值观和行为模式上总会表现出某些共同之处，比如为了展现某种社会地位，同一社会阶层的消费者可能赋予某种商品或服务一些象征意义并热衷于购买和使用这种产品，所以社会阶层会影响消费者行为，消费者行为反过来又会展现他们各自所处的社会阶层。

一、消费心理上的差异

社会阶层之间的一个重要差别在于其成员的心理，特别是他们的价值观念、信念和趣味，比如尽管劳动阶层的消费者在取得丰裕的生活必需品方面存在某些障碍，但他们并不一定羡慕那些社会地位比他们高的人，因为对他们而言，维持一种更高社会阶层的生活方式，有时并不见得是一件值得为之努力的事情。

不同社会阶层群体消费行为的差异，其实质可以用他们看待世界的不同方式来解释。中层社会阶层比较关注未来，他们通常比较自信，愿意承担风险，相信自己能够控制自己的命运；相反，下层社会阶层更关注现在和过去，他们更关心安全性，关心自身及家庭。

中产阶级是目前发展最快的社会阶层，他们往往有较好的教育程度，同时处于较稳定的社会生活环境中；他们有着良好的收入、花销力度和财富积累能力，由于社会环境及社会价值观的变化，他们经常会产生"担心""焦虑"的情绪，同时他们也倾向于追求某种新的身份、地位，以提高自己的贵族感，甚至提升社会地位。

贫困阶层虽然处在不利的环境中，但他们的心理还是丰富多彩的。由于贫困的负面影响，他们的支出能力有限，因此他们会经常有"恐慌""无助"的情绪，能强烈地感受到社会环境对其生活及诸多权利的不公对待。另外，因为资源有限，他们有时会有付出越多、期待回报越大的死灰心理，即总认为有个更大的收获会在不远的将来到来。

传统的精英阶层则处于一个较为稳定的社会地位，他们的财产来源也比较有保障，由于已经实现了物质基本需求，他们对富裕生活的渴望便日渐弱化，转向对自我实现的兴奋，同时他们也会有目标地助人为乐，并在追求品位方面择优而归。

二、产品选择和使用上的差异

消费者所属的社会阶层不同，对商品或服务的偏好也就不一样。受教育程度往往影响人们对艺术作品的消费，而职业则与休闲活动有较为密切的关系，对啤酒、服装和原创艺术品的消费也因社会阶层的不同而相异，尽管各社会阶层人士都消费啤酒，但是一种啤酒在上层社会更为流行，另一种啤酒则更可能在下层社会中销路更畅。同一种商品或服务对不同阶层的人来说，其意义可能就不一样。对于工人阶层来说，牛仔服可能是一种经济实惠的衣服；而对于上层人士来说，牛仔服则是一种时髦的用于自我表现的服装。

三、信息接收和处理上的差异

信息搜集的渠道和数量也随社会阶层的不同而存在差异。处于最底层的消费者，获取信息的能力通常很有限，对信息的真假缺乏甄别能力，因此他们在购买决策过程中，可能更多地依赖亲戚、朋友所提供的信息。中层消费者从媒体上所获得的信息会比较多，不仅如此，特定媒体和信息对不同阶层消费者的吸引力和影响力也有很大不同，比如越是高层消费者，看电视的时间越少，因此电视媒体对他们的影响相对较小；相反，高层消费者订阅的报纸杂志远较低层消费者多，所以印刷媒体的信息更容易到达高层消费者。

四、支出模式上的差异

不同社会阶层的消费者所选择和使用的商品也存在差异，尤其是在住宅、服装和家具等能显示地位与身份的商品的购买上，不同阶层的消费者差别比较明显。例如，在美国，上层消费者的住宅环境优雅，室内装修豪华，购买高档的家具和服装。中层消费者一般存款较多，住宅也相当不错，但他们对内部装修则不是特别讲究，高档的服装、家具数量也不多。下层消费者的住宅区周围环境较差，在服装与家具上的投资较少。此外，下层消费者的支出行为在某种意义上带有补偿性质，一方面，由于缺乏自信和对未来并不乐观，他们十分看重眼前的消费。另一方面，教育水平普遍较低，这使他们容易产生冲动购买。

五、休闲活动上的差异

社会阶层还与娱乐休闲活动有密切的联系。一个人所偏爱的休闲活动通常受到同一阶层或较高阶层成员的影响。例如，较高阶层的消费者倾向于看话剧、听音乐会，观看马球、壁球比赛，桥牌、网球、羽毛球在中上层的社会成员中颇为流行，较低阶层的消费者则更倾向于与商业相关的活动，如观看拳击、职业摔跤比赛等活动。

六、购物方式上的差异

一般而言，处于不同社会阶层的消费者，其购买行为及其所选择的购物场所会有很大差异。社会阶层是决定消费者购物场所的决定性因素，人们一般倾向于避免去与自己想象中的社会阶层差异较大的商店购物。研究结果表明，消费者所处的社会阶层与其想象的某商店典型消费者的社会阶层相差越远，其光顾该商店的可能性就越小。同时，较高阶层的消费者较少光顾主要是较低阶层消费者去的商店；相对而言，较低阶层的消费者则较多去主要是较高阶层消费者光顾的商店。

第三节　社会阶层与营销策略

一、市场细分

在社会阶层的特征中提到社会阶层的同质性。一般来说，同质性意味着处于同一社会阶层的消费者会订阅类似的报纸、观看类似的节目、购买类似的产品、到类似的商场购物、到类似的饭店吃饭，这为企业根据社会阶层进行市场细分提供了依据和基础。

不同社会阶层的消费者在对产品和消费场所的选择上是不同的。这些消费者的行为特征为营销人员对消费者进行细分提供了基础。

二、广告策略

广告策略在现代社会中无处不在，影响巨大。广告是一种信息的传递，商家通过广告将信息传达给目标群体。广告同时也是一种价值取向。不同社会阶层的价值观念和追求并不一样，因此社会阶层也在一定程度上为广告指明了方向。在广告中使用语言和符号必须使目标阶层的消费者能够而且容易理解，否则信息的传递就不会成功，广告的效果也就无法达到。针对中下阶层消费者的广告往往体现生活的温馨美好、充满精力地工作、显示问题的解决等；而针对较高阶层消费者的广告，往往体现地位、奢华、高贵等特征。地位和权力经常被当作社会阶层的特征，于是广告也经常迎合人们对权力和地位的诉求。刊登广告的媒体也体现出社会阶层的特征，针对某一阶层的产品广告会刊登在这个阶层经常浏览的媒体上。

三、新产品开发和分销

新产品的开发和分销也需要注意到社会阶层的特征，不同社会阶层的消费者对产品性能、款式的反应可能是不同的。在新产品开发之前，有必要调查各社会阶层的消费者对该新产品的款式、性能、颜色等方面的偏好，以便有针对性地设计开发新产品。

由于不同社会阶层的消费者消费场所是不一样的，社会阶层特征可以为产品分销策略提供指导。如果目标群体是较低社会阶层的消费者，那么这些消费者集中地区的临近商场就应成为向这些消费者提供产品的主要渠道，而不能草率地依赖大型商场或购物中心。如果目标群体是较高阶层的消费者，就应该使用正规的较高层次的商场，并且强调产品的品质。在中国针对农业劳动者所在的农村市场进行营销时，必须注重农村社会的亲情和友情关系网络，并且强调产品的实用性、实惠性和良好的售后服务保障。

【思考题】

1. 简述中国的社会阶层。
2. 举例说明消费者心理上的差异。
3. 阐述如何进行市场细分。
4. 举例说明产品广告策略。
5. 举例说明如何进行新产品的开发与分销。

第十二章　群体与社会化媒体

【本章目标】

1. 了解参照群体、意见领袖、口碑及社会化媒体的概念与类型。

2. 理解参照群体的相关理论、意见领袖的影响、口碑的传播。

3. 掌握参照群体在营销中的应用、意见领袖的识别方法及口碑营销。

4. 培养利用群体与社会化媒体的相关概念及理论分析产品社会化媒体营销的能力。

第一节　参照群体与消费者行为

一、参照群体的概念

参照群体实际上是个体在形成及购买或决策时，用于参照比较的个人或群体。如同从行为科学里借用的其他概念一样，参照群体的含义也随时代的变化而变化。参照群体最初是指与家庭、朋友等个体具有直接互动的群体，但现在它不仅包括了这些具有互动基础的群体，也涵盖了与个体没有直接接触但对个体行为产生影响的个人和群体，如电影明星、体育明星、政治领袖和其他公众人物等，他们的言行举止均可作为消费者决策时的参考和指南。

参照群体具有规范和比较两大功能。前一功能在于建立一定的行为标准，并使个体遵从这一标准。个体在这些方面所受的影响对行为具有规范作用。后一功能，即比较功能，是指个体把参照群体作为评价自己或别人的比较标准和出发点。

二、参照群体的相关理论

在现实生活中，保持一致性的倾向无处不在。在购买产品时，人们会下意识地去关注别人在用什么，当下流行什么；在投票时，会倾向于选择大家都认可而不是自己喜欢的事物。可以看出，人们的行为每时每刻都在受到群体行为的影响，这种诉诸群体的现象看似原因一致，实则大有不同。接下来，本书将从社会心理学的角度出发，介绍参照群体的三个相关理论。

（一）从众理论

从众是指由于群体的引导或压力，个人的观念与行为向着与多数人相一致的方向变化的现象。这种群体压力对个体产生的影响可能是直接的，也可能是内隐的。例如，个体如果不从众，群体就会对个体采取威胁或惩罚的行为，这种影响便是直接的。而内隐的含义是，个体自己认为如果不从众，会受到群体的威胁和惩罚。那么，即使群体并没有对个体进行惩罚或威胁，这种影响依然真实存在。判断从众的关键在于，是否涉及个体对群体的屈从或让步，由此可以看出，生活中那些少数服从多数的现象大多属于从众行为。

（二）服从理论

服从是指个体或群体在权威的命令下，迫于规范的压力按照他人命令行动的现象。它是一种直接的、危险的人际影响。关于服从的研究中，有一项经典实验，也就是米尔格拉姆的服从实验。这一实验表明，人类有服从权威命令的天性。在某些情境下，人们甚至会背叛自己一直以来遵守的道德规范，听从权威人士去伤害无辜的人。这一实验结果在当时的社会引起了轩然大波，也让人们不禁思考为什么权威会导致人们出现强烈的服从行为。

（三）依从理论

依从是指个体因为他人的期望压力而接受他人请求，做出符合他人期望行为的现象。依从与服从最大的区别在于：依从不具备强制特征，依从者没有受到外在权威的影响。因此，依从行为往往是自发行为。例如，在发生灾害时，人们会受到媒体影响而主动进行捐款。

三、参照群体的类型

（一）正式群体和非正式群体

正式群体是指有明确的组织目标、正式的组织结构、成员有具体角色规定的群体。而非正式群体是指人们在交往过程中，由于共同的兴趣爱好和看法而自发形成的群体。非正式群体可以是在正式群体之内，也可以是在正式群体之外，或者是跨越几个群体，其成员的联系和交往比较松散、自由。

（二）成员型群体和渴望型群体

成员型群体是由与消费者相识的人组成的。营销者利用普通人的形象来进行产品促销，实际上利用的就是成员型群体的信息性影响。随着社会化媒体的发展，人们认识的人和朋友之间的界限变得模糊，无论是线下还是线上，人们都更喜欢寻找那些和我们相似的人。事实上，研究发现，Twitter用户更喜欢追随那些有相同心情的人，如快乐的人喜欢访问和回复快乐的人，伤心孤独的人愿意回复同样有消极情绪的人。[①]

（三）积极群体和回避群体

参照群体可能会对消费者的行为产生积极的影响，也可能产生消极的影响。在大多数情况下，消费者会约束自己的行为，目的是与他们渴望的群体对他们的期望保持一致。但在有些情况下，消费者可能会设法与回避群体以保持距离。他们可能仔细研究自己不喜欢的群体。

四、参照群体在营销中的运用

（一）名人效应

名人或公众人物（如影视明星、体育明星）作为参照群体，对公众（尤其是崇拜他们的受众）具有巨大的影响力和感召力。对很多人来说，名人代表了一种理想化的生活模式。正因为如此，企业花巨额费用聘请名人来促销其产品。研究发现，用名人做广告相比不用名人做广告，评价更加正面、积极，这一点在青少年群体中体现得更为明显。

对于企业来说，用名人做广告，首先，应考虑产品与服务形象与名人的形象是否一致，并不是任何名人都适合为企业做广告宣传的。其次，要考虑名人在受众中的公信力。公信力主要由两方面因素决定：一是名人的专长性，二是名人的可信度。前者是指名人对所宣传的产品是否熟悉，是否有使用体验。可信度则是指名人

---

① 所罗门. 消费者行为学[M]. 卢泰宏, 杨晓燕, 译. 10版. 北京: 中国人民大学出版社, 2015.

所做的宣传推荐是否诚实，是否值得信赖。如果一位名人同时为多家企业做广告，那么在受众眼中，他的可信度肯定要打折扣，因为他这样做明显是受金钱利益所驱动的。最后，企业和名人都应该采取必要的措施，确保广告内容的忠实性。

（二）专家效应

专家是指在某一领域受过专门的训练，具有专门的知识、经验和特长的人。专家所具有的丰富的经验和知识，使其在介绍、推荐产品与服务时，较一般人更具有权威性，从而产生专家所特有的公信力和影响力。当然，在运用专家效应时，一方面，应注意法律的限制，如有的国家不允许医生为药品做证词广告；另一方面，应避免公众对专家的公正性、客观性产生疑问。

（三）普通人效应

运用满意顾客的证词、证言来宣传企业的产品是广告中常用的方法之一。由于出现在荧屏上或画面上的证人或代言人是和潜在顾客一样的普通消费者，这会使受众感到亲近，从而使广告诉求更容易引起共鸣。还有一些公司在电视广告中展示普通消费者或普通家庭如何用广告中的产品解决其问题、如何从产品的消费中获得乐趣等。由于这类广告贴近消费者，反映了消费者的现实生活，因此它们更容易获得认可。

（四）经理型代言人

自20世纪70年代以来，越来越多的企业在广告中用公司总裁或总经理做代言人。例如，格力电气股份有限公司的CEO董明珠在广告中极力宣传格力的产品质量好，陈欧在聚美优品的广告中说"我为自己代言"，老干妈的创始人陶华碧在老干妈辣椒酱的包装中使用自己的名字和头像，等等，都是这种经理型代言人的运用。

第二节　意见领袖

一、意见领袖的概念

意见领袖是指能够频繁、深度地影响其他人的态度和行为的人。在我们身边总有一些人给出的建议比其他人的建议更有分量，这些人就是意见领袖。他们在参照群体中有一定的影响力，能够影响他人对一个产品或一个品牌的印象。

研究发现，关键意见领袖的专业能力、沟通能力、创新能力显著正向影响社群营销有效性。[①]许多品牌在刚开始进入市场的时候，会选择借助意见领袖的影响力来帮助其打开新的市场。冰激凌品牌酷圣石在进入日本市场的时候，为了在短时间内扩大品牌的知名度，就着手在当地寻找消费者中的意见领袖。

二、意见领袖的影响

社会科学家在最初提出"意见领袖"的概念时，认为社区中具有影响力的某些人对群体成员的态度会产生全面的影响。但是，后续研究开始对这种普遍意见领袖的存在提出了疑问，也就是说，很少有人能够成为多个领域的专家，其所提出的建议很少会在所有类型的购买决策当中都受到重视。

有关意见领袖的研究普遍指出，虽然意见领袖存在于多种产品类别当中，但是他们的专长往往涉及相似的种类，普遍意见领袖是非常罕见的。家用电器的意见领袖对家用清洁剂可能有发言权，但对化妆品就未必了解。相反，影响力主要在服装选择方面的时尚意见领袖可能对化妆品购买很了解，但对微波炉则不然。

三、意见领袖的类型

关于意见领袖的角色作用，早期观念将其假设为一个静态的过程，即意见领袖从大众化媒体吸收信息，并转而把这些资料传递给意见接收者。结果证明，这种观点被过度简化，因为它混淆了几种不同的消费者功能。

（一）早期购买者

意见领袖不一定是所推荐产品的购买者，早期购买者被称为革新者。意见领袖如果同时也是产品的早期购买者，那么他们就被称为革新传播者。研究指出，大学男生作为时尚商品的创新传播者，会率先购买新时尚商品，其他学生

---

① 魏佳洁. 关键意见领袖能力对社群营销有效性的影响研究[J]. 中小企业管理与科技，2023(18): 60-62.

可能会在后续的购买中追随。

（二）意见征询者

意见领袖也可能是意见征询者，他们对某个产品往往会很投入，并且积极地搜寻信息，因此他们更有可能与他人谈论产品并征求意见。与意见领袖静态观点相反的是，很多与产品相关的谈话并不是以个人演讲的方式进行的，而是受当时的情境推动的，是在随意的互动而非正式的说教中发生的。一项研究发现，意见征询者在食品购买中格外常见，而且2/3的意见征询者认为自己也是意见领袖。

（三）市场行家

为了宣传一款新的凡士林乳液的临床疗法，美国某公司的广告活动覆盖了阿拉斯加州一个小镇上的社交网络。销售代表接管了一家门店，免费分发样品。作为回报，接受者要说出是镇上的哪个人向他们推荐的产品，由此他们发现了一位女士，镇上的许多人称她是消息的来源。

该公司找到了这位女士，认为她就是市场行家，因为她积极地传播各类市场信息。但是，市场行家不一定要对某些特定的产品感兴趣，也不一定是早期的购买者，他们只需要多逛逛街，并且了解市场动态就可以了。他们的作用更类似于普遍的意见领袖，因为他们往往对产品应该怎样获得、在哪里获得有全面可靠的了解。他们对自己做出明智决策的能力更有信心。

（四）代理消费者

除了对他人的购买决策有影响力的日常消费者，还有一类营销中介称为代理消费者，他们也常常影响消费者的购买行为。代理消费者是商家雇用的、为购买决策提供信息的人。与意见领袖和市场行家不同的是，代理者往往能够通过提供意见而获得报酬。室内装修商、股票经纪人、职业采购者或者大学咨询员都可以看成代理消费者。

四、意见领袖的识别

多数意见领袖是日常消费者而不是名人，所以很难被发现。往往只具有局部水平的影响作用，可能仅影响小部分消费者而非整个细分市场。基于此，大多数人试图通过探索性研究识别出意见领袖的典型特质，然后将这些特质推广到更大范围的市场，这有助于营销者通过适当的环境和媒介传播产品相关信息。

（一）自我指定法

识别意见领袖最常用的方法就是直接询问个体消费者是否认为自己是意见领袖，即自我指定法。尽管声称对一种产品较有兴趣的应答者较有可能是意见领袖，但这种调查结果还是值得怀疑。因为，一些人有夸大自身重要性和影响力的倾向，而一些真正有影响力的人则可能不承认自己具备这些特质或没有意识到这一点。事实上，我们传递产品的建议，并不意味着其他人就接受，那些真正的意见领袖的意见必定受到意见搜寻者的高度重视。另外一种可供选择的方法是，请某些群体成员识别意见领袖。这种方法的优点在于，找到那些对群体有确切认识的人，虽然相对于自我指定法的可靠性较弱，但它的好处却在于能够容易地在大群体的潜在意见领袖当中实施。意见领袖自我指定法的测量如表12-1所示。

表12-1　意见领袖自我指定法的测量

题项	1（非常不符合）	2（不符合）	3（一般）	4（符合）	5（非常符合）
一般来说，你和朋友、邻居经常谈论					
在你和朋友、邻居谈论的时候，你能提供很多信息					
在过去的半年中，你向很多人介绍过一款新的产品					
在你的朋友圈，你有很大可能性被问及关于某种新的产品的信息					
在谈论新的产品时，你经常向别人介绍					
在你的朋友、邻居的讨论中，总体而言，你经常被看作信息来源					

（二）社会测量法

社会测量法用于描绘群体成员的沟通模式。这种方法能够使研究者系统地描绘群体成员之间的互动。其最为精确，但是实施难度大且成本高，因为它需要对小群体的互动模式进行近距离研究。因此，社会测量法在人数有限且独立的社会环境中具有较好的应用效果。

社会测量法可用来更好地理解参照者行为，也可用来确定个人声誉在社区内传播的优缺点。网络分析聚集与社会系统内的沟通，探讨一个参照网络内的人际关系，并测量其间的纽带强度。为了更好地理解网络如何影响购买，对住在女学生联谊会所的女生进行了实验，研究人员发现，联谊会内部的亚群体更可能共享对于某种产品的相似偏好，有时即使是私人的商品，选择也具有相似性，这可能是在联谊会共用浴室所导致的。

第三节 口碑的传播

一、口碑的概念

俗话说，"酒香不怕巷子深"。在信息爆炸的互联网时代，不得不说，"酒香"也怕"巷子深"。随着大数据时代的来临，商家们甚至实现了精准定制化的信息推送。信息传播对于营销效果的影响可以说是决定性的，而提到信息传播，必然要提到一个词，就是"口碑"。口碑是指在个体之间传递产品信息。由于是从认识的人那里获得信息，因而通过口碑获取的信息往往比从正规营销渠道获取的信息更加可靠。与广告不同的是，口碑往往使人们迫于社会压力遵循这些建议。

当消费者对产品种类不太熟悉时，口碑的作用尤为强大。针对新产品或技术复杂的产品，减少不确定性的一种明智之举就是讨论它。讨论可以给消费者提供一个机会，使他们形成更多支持购买的依据，以及获得对该决策的支持。

二、负面口碑

对于营销者而言，口碑是一把双刃剑。消费者间的非正式讨论，既可以成就产品或品牌，也可以毁灭它，而且相比正面评论，消费者更看重负面口碑。尤其是当消费者正在考虑一种新的产品或服务的时候，相对于正面信息，他们可能更加关注负面信息，并将这些信息告诉别人。研究结果表明，负面口碑会降低广告的可信度，并且影响消费者的产品态度及购买意愿。通过对40个抱怨网站的深度研究，发现了三个基本主题。

第一是不公平。事实上是因为消费者频繁地抱怨，当他们试图与公司联系时，总是无功而返。

第二是身份。往往把违规者描绘成邪恶的，而不仅仅是不胜任的人。

第三是代理。个别网站开发者试图为那些对某一公司或产品有共同愤怒情绪的人创建一个集体身份，激起他们的斗争精神，让他们相信面对不公平对待消费者而没有遭报应的公司，他们有能力改变现状。

三、口碑的传播

口碑传播是指在人与人之间传递产品信息，是一种非正式传播。也就是说，口碑传播只存在于消费者与消费者之间，不包括营销人员与消费者之间的信息沟通和传递。由于是在认识（甚至是熟悉）的人之间进行信息传递，通过口碑传播了解到的产品信息往往比通过其他营销渠道获得的信息更加可靠。这是因为它是用户的自发行为，不存在商家的刻意美化，也不存在利益驱动。因此，这类信息对于消费行为的影响也更大。此外，口碑传播是一种双向的，传播者和接受者可以通过问答来进行深入沟通，这使得口碑传播能更有效地传递信息。

四、口碑营销

口碑营销是比较复杂的，拥有多种可能的根源以及动机。营销者主要应该了解三种形式的口碑，分别是经验性口碑、继发性口碑及有意识口碑。

（一）经验性口碑

经验性口碑是最常见、最有力的营销模式，它主要来源于消费者对某种产品或服务的直接经验，在很大程度上是在经验偏离消费者的预期时所产生的。

经验性口碑主要分正面和反面两种。反面经验性口碑会对品牌感受产生不利影响，并最终影响品牌价值，从而降低受众对传统营销活动的接受程度，并有损正面经验性口碑的效果。而正面经验性口碑则会让产品或服务更容易被消费者所接受。目前，大部分企业所做的网络问答营销就属于经验性口碑营销范畴。电商平台买家对商品做出的好评和差评，分别属于正面经验性口碑和反面经验性口碑。餐饮品牌海底捞的成功策略就是提供人性化的服务，这类服务超出了消费者对常规火锅的消费预期，创造了正面经验性口碑。

（二）继发性口碑

营销活动会引发继发性口碑。消费者直接感受到的传统的营销活动所传递的信息或者所宣传的品牌已经形成的口碑对于消费者的影响通常比广告的直接影响更强，因为引发继发性口碑传播的营销活动的覆盖范围以及影响力都是相对比较大的，营销者在决定任何一种信息以及媒体组合能够产生的最大投资回报时，需要考虑的口碑直接效应以及传递效应肯定是相对比较好的。

（三）有意识口碑

另一种口碑是有意识口碑。如营销者可以利用名人代言来为产品发布前营销创造正面的气氛。为制造有意识口碑而进行投资的企业很少，部分原因在于其效果是难以保证的，许多营销商都不一定能成功地开展有意识口碑的推广活动。

【思考题】

1. 简述参照群体的相关理论。
2. 简述参照群体在营销中的运用。
3. 简述意见领袖的影响。
4. 举例说明如何进行口碑营销。
5. 举例说明如何进行社会化媒体营销。

第十三章　数字时代下的消费者行为

【本章目标】

1. 了解数字时代的营销战略模式。

2. 理解消费者的数字化画像与识别。

3. 掌握数字营销对消费行为的影响。

4. 培养利用数字时代下的消费者行为制定数字营销战略的能力。

第一节　数字时代的营销战略模式

一、数字时代营销环境的转变

（一）数字环境

在变革时代，从来都是消费者市场快企业一步。市场的巨变推动竞争的升级，推动企业供给侧的改革。当今时代，消费者已经转变为数字化的消费者，数字已经贯穿于消费者购买行为和决策的全过程。这样的消费者不仅包含伴随着数字设备成长的新消费群体，比如"90后""00后"，而且包括其他原本不采用数字媒体的消费者。越来越多的消费者已经在新兴技术的发展中找到了"甜蜜点"，开始转变传统的消费行为链。90%的人在屏幕前进行消费，90%的人会连续使用多个屏幕，如个人电脑、平板电脑、手机、电视，从互联网的一个节点跳到另一个节点。65%的人首次购买选择网购，造就了阿里巴巴、京东的销量神话；61%的人在智能手机上使用社交媒体，如微信、微博等，数字媒体在人与人之间的交往中发挥了很大作用；59%的人尝试用智能手机做理财，因为支付宝中的余额宝功能与天弘基金做了绑定服务，使该公司从中小型的基金公司瞬间变成中国在资产管理方面最大规模的基金公司；58%的人开始个人理财决策时会使用到搜索引擎。数字已经入侵和融入不同行业、不同层级的消费者中，移动互联网已经从一种商业工具、一种渠道革命变成了商业的"水与电"，你拒绝谈它、拥抱它，你就会远离消费者，远离未来。

（二）数字营销

数字营销指使用数字技术来营销产品和服务，其包含了很多互联网营销中的技术与实践，但它的范围要更加广泛，还涉及手机及数字展示广告等各种数字媒介。与这一定义不同，本书中更强调数字营销不是一种渠道或技术，它首先需要营销战略思维的升级，同时拥抱技术，尤其是大数据技术。这种大数据的跨界，可以帮助企业获得多维的"上帝视角"，但在实施过程中，需要建立内容平台和数字平台，整合这些新的工具与应用。数字平台好比左脑，内容平台好比右脑，将分析思维和艺术思维合而为一。

（三）数字消费者行为

消费者研究是营销战略的基础。然而，在数字环绕的时代，消费者研究发生了哪些显著的变化？这些变化之间是如何相互影响的呢？可以通过消费者决策旅程（customer decision journey，CDJ）来解读。企业为了打造出色的数字消费者决策旅程，需要具备以下四项关键能力：自动化能力、前瞻性定制能力、情境互动能力以及决策旅程创新能力。

第一，自动化能力。它是指将过去手动操作的客户旅程自动化和简化。以前为了做消费者行为的研究，研究人员在世界各地培养了一个百万人的大样本库，让消费者将在零售商店购买东西的购物单寄回到研究人员手中，而现在只需要通过APP直接扫描就可以实时获取。

第二，前瞻性定制能力。在自动化的基础上，企业应当从过去或现在的用户互动中搜集信息，前瞻性定制即时用户体验。一些公司提供了多渠道的追踪用户动向的应用，可将多个来源（比如转账、浏览历史、客服互动及产品使用等）的数据混合在一起，以便了解用户行为及后果。这些工具帮助企业随时掌握并分析用户行为，从中找出可以影响用户的因素，实现定制化信息或功能。

第三，情境互动能力。利用用户在购买旅程的实际位置或虚拟位置等信息吸引其进入下一步互动。比如，在旅程关键步骤后改变屏幕内容或者根据用户当下的情境提供一条相关信息。例如，一款航空公司的APP或许会在你进入机场时显示你的登机牌，或者当你登录某零售商的主页时，获知你最近的订单状态。更复杂的情况是，进一步引发互动、塑造和强化客户旅程。

第四，决策旅程创新能力。为了找到机会和用户建立联系，企业要不断测试并对用户需求技术和服务进行有效分析，这个过程中需要创新能力。企业的最终目标是为公司和用户找出价值的新来源，优秀的企业会设计出能够进行开放式测试的旅程软件，他们会在不断测试、比较不同版本的交互界面和消息副本之后，选出更好的一种，做出新服务原型，分析各种实验结果，并加入优异的步骤或功能，其目的不仅仅是改进现有旅程，还要对其进行拓展。

二、数字时代的4R营销战略

数字时代不仅要在STP和4P的思维模式上升级，还需要建立一套具备战略性、可操作的，同时易于理解并精准概括的数字营销战略方法论。KMG将这套方法论的核心，也就是数字化战略平台营销模式的核心总结为4R，分别是数字化画像与识别（Recognize）、数字化覆盖与到达（Reach）、建立持续关系的基础（Relationship）、实现交易与回报（Return）（见图13-1）。

第一步，数字化画像与识别。前数字化时代目标消费者的整体分析，大多通过样本推测与定性研究进行。而数字化时代最大的变化在于，可以通过大数据追踪消费者的网络行为。对cookie的追踪，对移动数字行为的追踪，支付数据对购物偏好的追踪，这些行为的追踪可以形成大数据的用户画像。这些技术手段与营销思维的融合是数字时代最大的变化。

第二步，数字化覆盖与到达。这是绝大多数参与数字营销游戏企业所实施的一步。以前触达消费者的手段在数字时代发生了变化，如AR、VR、社交媒

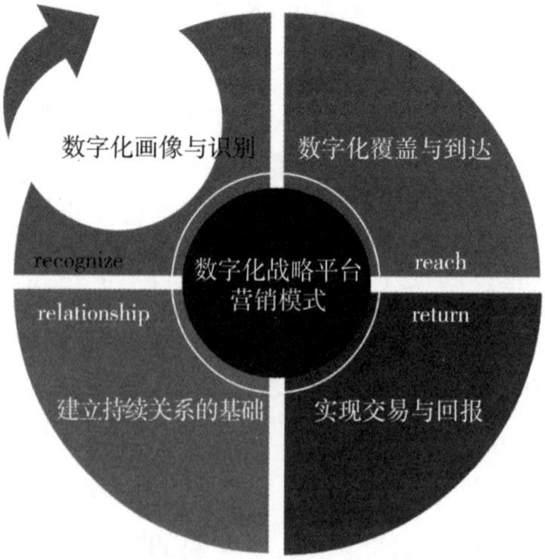

图13-1　KMG的数字营销4R模型

体、APP、搜索、智能推荐、O2O、DSP等各种触达手段是前数字时代完全不具备的。那么，基于消费者画像来实施触达各种实施工具的特质是什么呢？

第三步，建立持续关系的基础。它应该作为reach的后续步骤，因为仅仅做完前两个"R"，并不能保证数字营销的有效性。因为以上只解决了瞄准、触达的问题，并没有解决营销投资如何转化为客户资产问题。这其中最关键的一步就在于，数字营销是否建立了持续关系的基础。很多社群的建立可以保证企业在去中介化的情境中，与客户直接发生深度联系和互动，并且使之广泛参与。

第四步，实现交易与回报。营销不仅是一种投资，也可以得到直接回报。很多企业建立了社群，吸收了很多品牌粉丝，但是如何变现交易与回报是这一步需要解决的问题。我们提出了很多方法，如社群资格商品化、社群价值商品化、社群关注媒体化、社群成员渠道化、社群信任市场化等操作框架，变现客户资产。①

第二节　消费者的数字化画像与识别

一、消费者画像的概念

用户画像的概念最早在20世纪80年代由交互设计者之父阿兰·库珀提出。用户画像是从真实的用户行为中提炼出来的一些特征属性，并形成用户模型，它们代表了不同的用户类型及其所具有的相似态度或行为。这些画像是虚拟的用户形象，用户画像将人们划分成不同的群体，每个群体都有相同或相似的购买行为，因为具有共同的价值观与偏好，他们对待某一品牌产品或服务时也会表现出类似的态度。因此，用户画像所描绘的是不同客户群体最显著的差异化特点。最初用户画像只建立在少量用户的行为数据基础之上，随着数据技术的发展，作为调研对象的用户数量不断增加。如今，用户画像技术被广泛应用于线上市场营销和广告领域。

所谓消费者画像，即在已知事实或数据之上整理出每个消费者相对完整的档案。既然是档案，那么消费者画像会含有大量的数字、百分比、平均值、标

---

① 曹虎, 王赛, 乔林, 等. 数字时代的营销战略[M]. 北京: 机械工业出版社, 2017.

准偏差、统计比较等。每个抽象出来的用户特征会用一个相应的标签来表示，因此消费者画像也常被看作关于用户信息的标签化的结果，或各种信息标签的集合。大数据消费者画像展现的不是一个具象的人物类型，而是关于所有对象的不同类型的数据所呈现的总体特征集合。

二、消费者画像与识别

数字化画像与识别是指用数字化技术表述消费者的各种特质以及这种特质在不同时间和场景下的集合，帮助营销人员精确定义目标消费者，并在此基础之上设计营销战略。

画像数据维度的划分方法根据企业的使用目的而不同，但一个典型的消费者画像通常会采用以下这些维度（根据不同的划分角度，这些维度会有重叠的部分）：

第一，人口学特征。比如性别、年龄、收入、家庭状况、所属行业等。

第二，生活方式特征。如消费特征，包括消费状况、购买力、消费地点偏好，还包括美食偏好特征、教育选择、设备使用偏好等。

第三，线上行为特征。如上网行为特征，包括网站浏览行为特征、邮件使用特征、搜索行为特征等，还包括APP的类型选择和使用特征。

第四，线下行为特征。如出行规律、商圈级别、差旅习惯、旅行的目的地、酒店选择偏好等。

第五，社交行为特征。如社交人群特征、社交习惯特征等。

三、消费者画像的应用

无论营销策略如何进化，总有一些不变的核心，若能将这些核心工作做到极致，企业的营销便能有质的飞跃，这其中就包括了需求的管理。一个成功的营销战略需要做到准确的STP（市场细分、目标市场、市场定位），而大数据消费者画像恰恰是完成这些关键工作的基础。对消费者的需求洞察与预测有助于营销者转换视角，实现更精准的、更具前瞻性的营销战略规划。

（一）实现精准匹配

大数据消费者画像能帮助企业更准确地找到容易对其产生好感的人，也就是锁定目标客户；在最容易遇到他们的地方，就是传播渠道；在他们出没的时间里，就是投放时机；制造一场精心策划的偶遇，说恰到好处的话，做恰当的事，送合意的礼物，并使双方的感情不断升华并持久。这个过程便是消费者画像实现商业价值转化的过程。

（二）让营销更有前瞻性

大数据消费者画像涉及的数据具有大容量、多维度、高精度的特点，有助于营销者发现新的需求趋势或新的潜在客户。并且，消费者画像通过大数据的方法分析得出最有可能实现转换的潜在客户在哪里，以及老客户当中交叉销售和持续销售的可能性。因此，营销者能比以前更准确地预估目标市场的规模有多大。准确的预测有助于企业制定更加具有前瞻性的营销战略，并合理规划营销中的资源分配，规避过于乐观或过于悲观的评估市场和销售前景带来的资源浪费和机会浪费。

第三节　大数据下数字营销的商业应用

一、用户行为分析

消费者行为的比特化使得营销者对用户的分析可以进入精确的行为分析层次。他们可以分析用户在企业接触点各个界面的轨迹，分析每个功能设计对用户的吸引力以及各个接触点之间的转化轨迹，并基于此对客户体验的节点进行动态的跟踪优化和迭代。

二、用户画像

如果说用户画像能帮助营销者更好地理解客户需求，改善客户体验，那么随着技术的发展，大数据时代的用户画像则从另一个层面颠覆了传统的营销路径。营销者不仅可以理解需求，而且可以预测需求。营销计划可以始于对结果的预测，而不仅是对动机的理解。

三、品牌定位

品牌定位工作依赖于对市场的深度认知。这一方面取决于营销人员对市场客户的理解、洞察，以及持续的经验；另一方面则需要进行一定的调研工作，即充分倾听客户的声音。即便如此，新产品推出后，失败率还是有可能居高不下，这主要归因于定位在营销者的大脑和客户的大脑中存在严重偏差，因为营销者很难充分地听取客户的声音后再做定位。大数据声音测量可以辅助品牌定位。通过大数据语义挖掘工具，可以在网络上直接抓取市场对某个产品的固有认知。这个固有认知就是营销者进行品牌定位的出发点。通过基于定位的声音测量，可以看到企业关注的定位概念与客户在网络世界中讨论的声量之间的关系，甚至当异常声音出现时，可以反过去追踪此词语的来源，并找到原因。

四、关键意见领袖管理

关键意见领袖在广大消费者群体当中具有较大的话语权和影响力。企业通过影响关键意见领袖就能够影响该意见领袖的影响人群。现在，人们依靠社交网络的相关信息抓取和交叉比对，就能够轻易地选出关键意见领袖。这将帮助企业采用科学的体系选择合适的关键意见领袖人选。在分析上，可以以图形的形式呈现意见领袖与意见领袖之间、内容与内容之间，以及内容与意见领袖之间的关系。这种分析可以通过动态网络影响力传播模型和结构洞分析来实现。

五、品牌内容营销

企业可以在内容营销方面获得大数据的技术帮助，比如受众关注哪些内容？什么是当下互联网上的热点内容？从哪些方面构建的内容会吸引打动目标受众？这些内容营销的关键点都可以通过社交网络的声量数据抓取和分析获得结论，甚至数据还能让内容营销者获得预知的能力。观察当前的互联网热点，通过设置部分指标就能够识别出有潜力成为下一波热点的内容，提前布局甚至成为主导者。

六、舆情管理

在绝大多数情况下，数字化时代给企业带来的都是有利的因素。然而，具体到舆情监控以及公关工作，负责人员可能就只想倒苦水。因为在数字化时代，企业的负面信息也以更快的速度、更低的成本覆盖更广泛的受众，这给舆情监控工作带来了较大的困难。但是，依托大数据技术，这个问题将不再是困扰。企业可以设置相应的关键词，比如品牌名、产品名、高管名，通过网络信息抓取，尤其是社交平台上的信息抓取，及时了解自身的舆论动态。危机事件的传播往往会经历一个逐步放大再到爆发的阶段，在传统方法里往往只能事后处理，而大数据方法能够帮助企业舆论在爆发之前及时发现端倪，实现事前灭火。

七、广告精准投放

大数据技术天然地适合运用于广告的精准投放。大数据来源的多维度可以更全面地描述用户的行为轨迹，从线上的浏览数据、社交数据、交易数据再到线下的用户定位数据，几乎能够完整地描述单个客户的实体数字世界的所有行为。企业能够在任何瞬间向客户推送一致的广告信息，如在智能手机、互联网电视、计算机上发布社交内容，甚至投放到线下的公交地铁广告牌、户外大牌、电梯显示屏。大数据的即时性可以确保在很短时间内就能给顾客推送他们当前正在考虑购买的商品的广告信息，大数据的高精度可以帮助企业实现向每一个客户推送最契合其需要的广告内容。

八、重点客户营销

重点客户营销或大客户营销是指企业识别并定位出对其最有价值的重点客户，并针对重点客户实行战略性的营销举措，以提高客户的整体体验，最终促进企业盈利。重点客户营销的合理性来自帕累托法则在商业世界的应用：20%的客户贡献了公司80%的营业收入，这20%的客户便是重点客户营销的目标对象。基于这个原则，企业希望通过重点客户营销战略，提升整体营销效能。在数据驱动的今天，随着数据基础设计管理和分析工具的商业化与普遍应用，重点客户营销变得更加精准和科学——重点客户的分类与识别将借由分析模型与算法的演进以及客户信息的深度挖掘而变得更加精准可控，重点客户需求与识别将变得更为准确有效。同时，企业与重点客户之间的互动也更加定制化，互动方式更加多样化，广告投放和信息发布也变得更为精准。

【思考题】

1. 简述数字时代的4R营销战略。

2. 简述消费者数字化画像的概念。

3. 简述如何进行消费者画像的识别。

4. 简述数字营销的定义。

5. 举例说明数字营销对消费者行为的影响。